지구를 사랑하는 어린이를 위한 생물학 동화

최재천의 동물대탐험

2. 나무늘보의 노래

최재천 기획 · 황혜영 글 · 박현미 그림 · 안선영 해설

다산어린이

서문

저는 어려서 타잔을 흠모했습니다. 그림처럼 황홀한 숲속 트리하우스에 살며 배고프면 그저 손 뻗어 바나나를 따 먹고, 땀 나면 호수에 풍덩, 위험하면 두 손 모아 "아아~아아~" 부르면 코끼리떼가 달려오고 천국이 따로 없어 보였습니다. 하지만 타잔 동네는 비행기를 타고 가야 하는 아주 먼 열대 정글이라는 사실을 알아내곤 저는 깊은 실망에 빠졌습니다. 그러던 어느 날 《허클베리 핀의 모험》을 읽고는 뗏목을 만들어 강을 따라 여행하며 모험을 즐기고 싶었습니다. 하지만 저는 주정뱅이 아버지 슬하에서 크는 것도 아니어서 딱히 가출할 명분이 없었습니다. 그래서 선택한 제 삶은 말하자면 《톰 소여의 모험》이었습니다.

학교가 파하면 동네 아이들은 언제나 우리 집 대문 앞으로 모여들었습니다. 제가 나와 '오늘의 놀이'를 정해 줘야 드디어 동네가 활기를 띠기 시작했습니다. 다방구, 말뚝박기, 망까기, 기마전, 술래잡기, 무궁화꽃이피었습니다 등등. 이렇게 적어 놓고 보니 퍽 다양한 것처럼 보이지만 허구한 날 비슷비슷한 놀이를 반복하는 게 지

겨워 저는 자주 놀이의 규칙을 조금씩 바꾸곤 했습니다. 그러다 보면 이웃 동네 아이들이 하는 놀이와는 상당히 다른 우리들만의 놀이가 탄생하기도 했습니다. 제가 생물학자가 되지 않았더라면 지금쯤 어쩌면 게임 회사를 차려 거부가 되었을지도 모릅니다.

 돌이켜 보면 그때 우리는 비록 풍족하지는 않았지만 즐거웠던 것 같습니다. 동네 구석구석이 지저분하고 오물 냄새도 진동했지만 조금만 벗어나면 공터도 있고 개천도 흘렀습니다. 조금 헐벗었지만 제법 풋풋한 자연이 우리 곁에 있었습니다. 친구들과 몰려다니며 올챙이, 방아깨비, 풀무치도 잡고, 동네를 돌며 거미줄을 잔뜩 모아 그걸로 잠자리도 잡곤 했습니다. 이 지구 생태계를 공유하고 사는 다른 생명들과 함께 부대끼며 살았습니다.

그런데 지금 우리 아이들은 자연과 철저하게 격리된 삶을 살고 있습니다. 게다가 코로나19 팬데믹으로 인해 그나마 간간이 엄마 아빠와 함께 가던 동물원, 식물원 그리고 바닷가도 마음 놓고 가 보지 못했습니다. 전염병 전문가들의 예측에 따르면 우리 인간이 자연과의 관계를 제대로 정립하지 않으면 앞으로 팬데믹과 같은 재앙을 점점 더 자주 겪게 될 것이랍니다. 우리 아이들이 이담에 커서 안정적인 직장을 갖고 편안하게 살아가려면 이른바 '국영수' 공부도 중요하겠지요. 그러나 만물의 영장이라고 거들먹거리던 우리는 이번에 삶과 죽음의 갈림길에 던져졌습니다. 과학 문명의 시대에 어떻게 이런 일이 일어났을까요? 우리는 이번에 분명히 배웠습니다. 아무리 과학기술이 발달해도 기후 변화가 멈추지 않는 한 우리는 앞으로 종종 죽고사는 문제에 부딪히고 말 것이라는 사실을.

공교육이라면 당연히 국영수만 가르칠 게 아니라 자연에 대한 감수성도 키워줘야 하지만, 그걸 넋 놓고 기다릴 수 없어 제가 이번에 《최재천의 동물 대탐험》이라는 동화 시리즈를 기획했습니다. 저는 평소에 늘 "배우는 줄도 모르며 즐기다 보니 어느덧 배웠더라" 하는 교육이 가장 훌륭한 교육이라고 떠들어 왔습니다. 그냥 흥미로워서 읽다 보면 저절로 우리와 함께 이 지구에 살고 있는 동물들에 대해서 알게 되고 자연스레 자연의 섭리도 깨우쳐 보다 현명한 사람으로 성장하리라 기대합니다.

이번 호에서는 비글호 친구들과 함께 자연 생태계에 얼마나 다양한 생물이 살고 있는지 살짝 맛보게 됩니다. 중남미 열대에 사는 나무늘보 아기가 인도네시아 정글에서 발견되는 사건의 전말을 밝히는 과정에서 하루살이 떼를 비롯해 화식조, 망둑어, 대왕자라, 파라다이스 나무뱀과 더불어 벌레잡이통풀과 세상에서 가장 큰 꽃인 라플레시아까지 만납니다. 코스타리카 몬테베르데에 사는 열두 살 소녀 알리사가 흘리는 눈물을 보며 우리는 지구의 생물다양성이 어떻게 훼손되는지를 보게 됩니다. 우리 인간이 얼마나 잔인하고 어리석은지를.

등장인물

개미박사

동물의 생태와 행동을 연구하는 생태학자이자 동물행동학자. '재단'으로부터 특별한 임무를 부여받고 비밀리에 활약 중이다. 하늘을 나는 비글호를 타고 아이들과 함께 정글과 바다를 종횡무진 누빈다. 닥스훈트 '강치'와 '제비'의 오랜 친구이자 집사.

다윈박사

인공 지능 인격체이자 '비글호'의 메인 프로그램. 약 200년 전 살았던 과학자 '찰스 다윈'의 인격과 지식을 바탕으로 만들어졌다. 목소리와 색깔을 자유자재로 바꿀 수 있지만, 홀로그램 장치에 갇혀 산다. 방대한 지식의 데이터베이스로 비글호 항해에 도움을 준다.

호야

호기심 많고 똘똘한 10살 소년. 침착하고 잘 흥분하지 않는 성격이라 나름 아이들의 정신적 지주 역할을 하고 있다. 그러나 단짝 와니와 있으면 영락없는 사고뭉치 개구쟁이로 변한다.

와니

엉뚱함과 발랄함, 호기심 가득 10살 소년. 야생의 정글과 모험을 동경한다. 다리가 부러져 죽어 가던 까치를 정성껏 보살피다가 결국 입양했다. 와니의 소울메이트가 된 까치의 이름은 '핀'.

미리

동물을 사랑하고 환경 보호에 관심이 많은 11살 소녀. 살아 있는 모든 생명을 사랑하고, 동물과 대화하기를 즐긴다. 언젠가는 자유롭게 동물과 대화를 하고 싶어서 늘 자연을 가까이하고, 감각을 집중하는 연습 중이다. 평소 친구들과 동생을 세심하게 챙겨 준다.

아라

미리보다 한 살 어린 동생. 씩씩한 태권 소녀지만, 마음이 여리고 동정심이 많다. 길 잃은 동물을 그냥 지나치지 못하고 주워 오는 버릇이 있다. 공원을 배회하던 육지 거북을 구조하고는 오래오래 복되게 살라는 뜻으로 '구복이'라는 이름을 붙여 주었다.

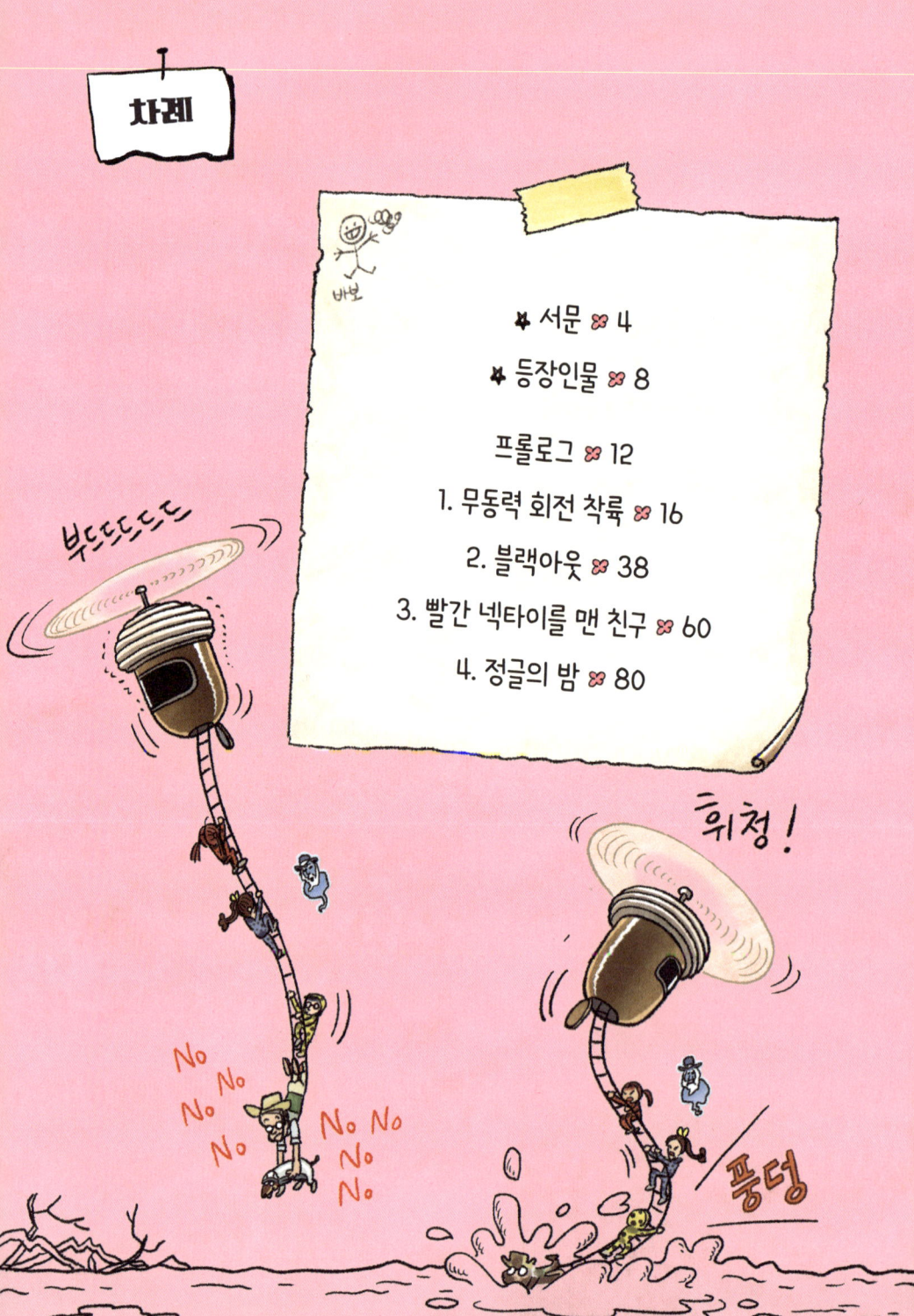

프롤로그

비글호는 푸른 밤하늘을 조용히 항해하는 중이었다. 모두가 깊은 잠에 빠져 있었다. 그러나 개미박사님만은 작은 전등을 켜 둔 채 골똘히 생각에 잠겨 있었다.

그때, 모니터의 화면이 일렁이더니 나무늘보 얼굴 모양 로고가 나타났다. '재단'으로부터 온 연락이었다.

잠시 후 화면에는 나이를 가늠할 수 없는, 은발을 하나로 묶은 할머니의 얼굴이 나타났다.

"씨앗은 찾았나요?"

목소리는 꼭 동굴에서 나오는 것처럼 깊고 신비로웠다.

"아직."

개미박사님은 조심스럽게 대답했다. 아직 뭔가 확실하지 않은 것 같았다.

"하지만 실마리는 찾았으니, 씨앗을 꼭 찾을 겁니다."

"우리에겐 시간이 별로 없어요. 서둘러야 해요."

할머니의 목소리에서 실망하는 기색이 역력했다.

"씨앗을 찾지 못하면 모든 게 물거품이 될 거예요."

그 목소리에서는 두려움과 슬픔마저 느껴졌다.

"씨앗을 찾을 겁니다, 반드시."

개미박사님은 스스로에게 다짐하듯 말했다.

"그건 그렇고, 나무늘보 하나를 임시 보호 중입니다."

"나무늘보라뇨?"

"불가능한 일이 일어났어요. 중남미에만 존재하는 나무늘보가 이곳 인도네시아 상공에 나타났으니."

"놀랍군요."

"어떻게 된 일인지 알아야겠습니다. 혹시 이 일과 관련해서 단서가 될 만한 소식이 없을까요?"

"중남미 쪽의 **슬로우**들을 통해 한번 알아볼게요."

얼마간의 시간이 흐른 뒤 '재단'으로부터 연락이 왔다.

"한 달 전쯤, 코스타리카 몬테베르데에서 나무늘보 하나가 사라졌다는 신고가 들어왔답니다. 신고자는 어린 소녀인데, 밀매꾼들이 소녀를 속이고 나무늘보 아기만 데려갔다고 해요."

"소녀요?"

"네, 가난한 길잡이 소녀인가 봐요. 소녀가 물어물어 꼬박 나흘을 걸어와서 어떻게 **슬로우**와 연결이 되었다더군요."

"그 소녀가 누구죠?"

"거기까지는 아직."

나무늘보를 찾아 어린 소녀 몸으로 나흘을 걸어왔다니 이 또한 있을 수 없는 일이었다. 개미박사님은 직감적으로 이 두 가지 사건이 관련되어 있을지도 모른다고 생각했다.

"흥미롭네요. 또 다른 소식이 들어오면 즉시 알려 주십시오."

"아 참, 그 가난한 소녀가 나무늘보를 찾아 달라며 돈을 남기고 갔대요."

"돈을요?"

"20달러요."

1. 무동력 회전 착륙

 따뜻한 아침 햇살이 비치는 가운데, 아기 나무늘보와 아이들은 곤히 잠들어 있었다. 지난밤, 아이들은 졸음을 참아 가며 녀석이 잠들 때까지 쓰다듬어 주었다. 개미박사님은 살짝 열린 문틈으로 아이들과 나무늘보가 잠든 모습을 조용히 바라보았다.
 '쉿, 조용히 따라오렴.'
 개미박사님이 소리를 내지 않고, 입술로만 명령을 내렸다. 아이들은 주섬주섬 옷을 챙겨 입고 나무늘보가 깨지 않게 조용히 방을 나섰다. 아기 나무늘보 사건의 증거를 찾아야 했다. 강치와 제비도 살금살금 박사님을 따라나섰다.

증거1. 열린 창문, 창틀에 난 선명한 세 줄의 발톱 자국.

개미박사님은 펜 끝에 달린 특수 확대경으로 발톱 자국을 자세히 살펴보았다. 나무늘보는 열린 창을 통해 들어온 것이 분명했다. 창틀에는 발톱으로 움켜쥔 듯한 자국이 나 있었다.

"여기에 매달려 있었군. 그런데 어떻게?"

비글호는 날개를 펴고 초절전 모드로 운행하는 중이었다. 날개는 섬세한 무늬들이 조각된 무지갯빛 비단을 펼친 것 같았지만, 사실은 태양광 에너지를 충전하기 위한 태양 전지 역할을 한다. 개미박사님은 확대경의 초점을 먼 거리에 맞추고 날개를 유심히 관찰했다.

"저 파인 흔적은 뭐지?"

증거2. 비글호 오른쪽 날개 아래 움푹 파인 자국. 충돌의 흔적.

개미박사님은 서둘러 연구실로 돌아가 자동 기록된 비글호의 항해 기록을 뒤지기 시작했다.

"찾았다!"

개미박사님이 중얼거렸다. 그런데 이 이상한 조합은 뭐지?

증거3. 항해 기록 영상에 찍힌 기이한 2인조.

괴로운 표정으로 카메라에 얼굴을 붙인 채 푸드덕대는 뿔매의 모습과는 반대로, 뿔매의 등에 매달린 나무늘보의 얼굴은 평온하기만 했다. 뿔매가 작은 들짐승을 사냥하는 것은 낯선 일이 아니다. 그러나 뿔매가 사냥감을 발톱으로 움켜쥔 것도 아니고, 등에 태우다니?

등에 매달린 미확인 생명체 때문에 겁에 질려 어쩔 줄 모르는 뿔매가 비글호 태양광 날개에 부딪혀 어지럽게 나선형을 그리며 꼬꾸라졌다.

"기적이군."

그때 용케도 나무늘보 발톱이 창틀에 걸렸던 것이다.

어떤 건 있어야 할 곳에 있지 않고, 어떤 곳에선 일어나지 말았어야 하는 일들이 일어나고 있다. 저 아래 어디선가 뭔가 이상한 일들이 벌어지고 있는 게 틀림없었다. 개미박사님은 무슨 일이 벌어진 것인지 알아내야만 했다.

아침 식사를 마친 뒤, 개미박사님은 선원들을 호출했다.

"나는 저 녀석이 어쩌다 이곳까지 오게 되었는지 조사할 테니, 너희는 나무늘보를 돌봐야 한다. 자세한 건 다윈박사님께 여쭤보도록."

박사님은 각자 할 일을 알려 주었다. 나무늘보를 그냥 데리고 노는 것이 아니라, 생태와 습관을 공부하고 그에 맞는 환경을 만들어 주는 것까지였다.

"비글호 선원이라면 책임감과 전문성을 갖고 일해야 한다. 알겠니?"

"옛썰!"

아이들은 마치 무언가라도 되는 양 누가 시키지도 않은 경례를 했다. 아이들은 각자 앞에 소시지를 한 조각씩 놓아 두고, 강치와 제비가 소시지를 먹는 순서로 짝을 정했다. 그렇게 호야와 아라는 제비 편, 와니와 미리가 강치 편이 되었다.

"와니와 미리는 밥 먹이기 팀, 호야와 아라는 운동 시키기 팀으로 나누자꾸나."

"이름을 붙여 줄까? 늘보는 어때?"

와니가 붙여 준 이름에 모두가 찬성했다.

나무늘보 돌보기 임무에서 제일 신이 난 사람은 다윈박사님이었다. 팔랑팔랑 나무늘보 주위를 날아다니면서 성가시게 굴더니, 이번엔 한번 쓰다듬어 보고 싶다고 난리였다.

"나무늘보는 발가락 개수로 두발가락나무늘보와 세발가락나무늘보로 나뉜단다. 아주 오래전 두 종의 나무늘보가 한 조

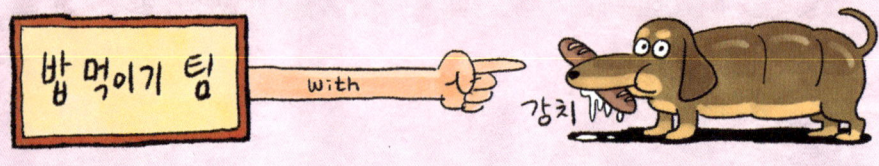

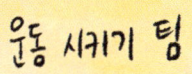 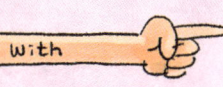       

상으로부터 갈라져 나온 것으로 추정하는데, 이 녀석은 세발가락 나무늘보….”

"고놈 참 볼수록 신기하게 생겼구나. 이 털 자라는 방향을 보렴. 털이 땅 쪽을 향해 자라는 덕분에 빗물이 털에 고여 있지 않고, 그대로 땅으로 떨어지게 되지."

다윈박사님은 늘보 주위를 빙빙 돌며 정보를 수집했다. 더 많은 정보를 얻기 위해 늘보에게 생체 기록 목걸이도 달아 주었다.

다행스럽게도 나무늘보는 호야가 만든 애착 인형을 아주 좋아했다. 보자마자 덥석 껴안더니 떨어질 줄을 몰랐다. 그래서 목욕하러 이동할 때도 아주 편리했다. 인형을 통째로 들어서 옮기면 되니까.

늘보는 목욕할 때도, 털을 빗겨 줄 때도, 심지어 낮잠을 잘 때도 인형을 꼭 안고 놓지 않았다. 아이들은 흐뭇한 표정으로 잠든 늘보를 보며 관찰 일지를 쓰기 시작했다.

"나 사랑에 빠진 것 같아. 어쩜 이렇게 사랑스러울까?"

"정말 작고 느리고 보잘것없다."

아라와 미리는 늘보에게 푹 빠졌다.

"그래도 깨어 있을 때는 쉬지 않고 먹고 움직이네."

"우리가 구하지 않았다면 살아남을 수 있었을까?"

와니와 호야도 늘보 돌보기에 보람을 느끼는 것 같았다.

한편, 개미박사님의 연구실 모니터에 다시 불이 켜졌다.

"그 후로 사건을 더 추적해 봤습니다."

'재단'으로부터의 연락이었다.

"역시 야생동물 밀거래 조직의 움직임을 포착했습니다. 꽤 규모가 큽니다."

"나무늘보만이 아니었겠군요."

"희귀 앵무새부터 멸종 위기 원숭이까지 닥치는 대로 포획했다더군요."

"현지의 **슬로우** 요원들에게 도움은 요청했나요?"

"물론이죠. 경찰이 함께 끈질기게 추적했지만, 놓쳤답니다. 결국 필리핀과 인도네시아 사이 셀레베스해에서 꼬리가 밟혔어요. 해안 경비대와 약간의 충돌이 벌어진 끝에, 컨테이너 하나를 통째로 버리고 달아났답니다. 증거를 없애려던 거죠."

"끔찍하네요. 붙잡힌 동물들은 어떻게 됐습니까?"

"바로 그거예요. 그래서 박사님께 부탁을 드려야겠습니다. 컨테이너 발견 지점이 거기서 멀지 않아요."

"그럼, 그쪽으로 **슬로우** 팀을 보내 주세요. 저도 곧 출발하겠습니다."

재단과의 연결은 다시 끊어졌다.

개미박사님은 굳은 목소리로 항로 변경 명령을 내렸다.

"비글호 항로 변경, 잠시 후 착륙한다. 비글호 선원들은 제자리로 돌아가 착륙 준비를 하도록."

아이들은 어리둥절한 채 서로를 바라보았다. 저 아래는 까마득한 바다와 초록 밀림들만 가득한데 갑자기 착륙이라뇨?

개미박사님은 심각한 표정으로 아이들 앞에 나타났다.

"원래 인생은 우연한 일들의 연속이야. 길 위에 놓인 돌들을 하나둘씩 치우면서 뜻하지 않게 샛길로 빠지다 보면 어느새 어딘가에 도착해 있더라. 대신 재미있는 걸 보여 주마."

아이들이 질문 세례를 퍼부으려는 찰나,

"비글호 무동력 회전 착륙, 실시!"

개미박사님이 명령했다.

"내가 심혈을 기울여 개발한 비글호의 필살기지. 다들 꼭 붙들어라."

"네? 뭐라고요?"

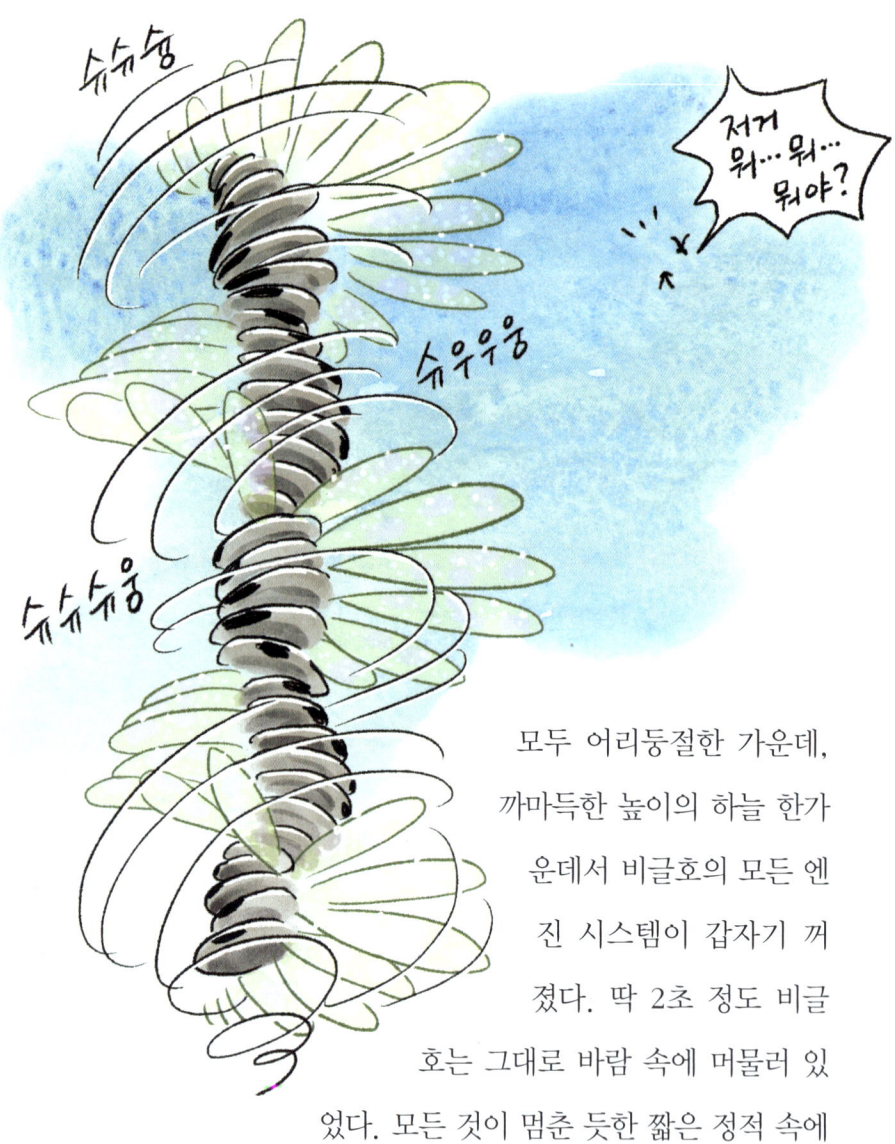

모두 어리둥절한 가운데, 까마득한 높이의 하늘 한가운데서 비글호의 모든 엔진 시스템이 갑자기 꺼졌다. 딱 2초 정도 비글호는 그대로 바람 속에 머물러 있었다. 모든 것이 멈춘 듯한 짧은 정적 속에서 비글호는 두 날개를 팽팽히 펼친 채 하늘 위에 떠 있었다.

"으아아아아악!"

아이들은 비명을 질러댔다. 비글호는 말 그대로 아름다운 나선형을 그리며 점점 더 빠르게 회전하기 시작했다. 마치 적절한 균형 점을 찾는 것처럼. 그리고 마침내 천천히 아래로 회오리치며 땅으로 떨어지기 시작했다.

"끄흐흐흐흐흥."

비글호는 놀라울 정도로 부드럽고 가볍게 착륙했다. 마치 풀밭 위에 사뿐히 깃털 하나가 내려앉듯이 말이다. 며칠 전 우당탕탕 비상 착륙 때와는 완전히 달라진 모습이었다. 짙푸른 열대우림이 끝없이 펼쳐진 가운데, 비글호는 커다란 물웅덩이 옆 드넓은 초원 위에 착륙했다.

"비글호 모양이 단풍나무 씨앗을 본뜬 건 너희도 알잖니? 그

31

래서 이번엔 착륙 방식도 좀 흉내 내 봤다. 흐흐흐, 물론 아직 몸체까지 함께 회전하는 문제는 미해결이지만. 원래는 날개만 회전해야 하거든."

개미박사님이 신나서 설명했다. 아이들은 아직도 어질어질 정신을 차리기 힘들었다. 구복이는 뒤집혀 버둥거리고 있었고, 강치와 제비는 탈선한 기차처럼 구석에 처박혀 있었다. 디스코 팡팡을 연달아 열 번쯤 탄 것 같은 기분이었다.

"박사님, 부탁이 있어요."

"그게 뭐냐?"

"앞으로 이런 기술은 제발 쓰지 마세요."

아이들이 입을 모아 소리쳤다. 다윈박사님은 중력 센서 이상으로 잠시 거꾸로 둥둥 떠다니는 중이었다. 사실은 세상 그 어떤 놀이기구보다 재미있었지만, 자꾸 엉뚱한 장난을 치는 개미박사님에게 화가 난 것도 사실이었다.

"우리가 이곳에 비상 착륙을 한 이유를 설명해 주마."

개미박사님은 아이들의 원성을 뒤로하고 이야기를 시작했다.

"너희들이 돌보고 있는 나무늘보에 관한 문제란다. 나무늘보는 알다시피 중남미 정글에서만 살지. 그러니까 여기 인도네시아 땅에 있으면 안 된다는 얘기야. 그래서 근처 보호소나 동물원에서 왔나 조사해 봤는데 그것도 아니었다. '재단' 쪽에 알아봐 달라고 부탁했는데, 거기서 놀라운 이야기를 하더구나. 여기서 약 16킬로미터 정도 떨어진 해안가에 어디선가 떠밀려 온 컨테이너가 부서져 있고, 그 주위에서 희귀 야생동물이 갇힌 상자가 여럿 발견되었다는 거야. 그래서 직접 가서 무슨 일인지 알아봐야 한다."

아이들은 입을 벌린 채 개미박사님의 설명을 들었다.

"어떤 위험한 일이 벌어질지 모르니 함께 갈 수는 없어. 그러니까 너희들은…."

뭔가 불길한 예감이 드는 순간, 정신을 차린 다윈박사님이 뿅 나타났다.

"걱정 말게. 아이들은 나와 함께 비글호 선원으로서의 임무를 충실히 수행하게 될 거네."

다윈박사님만은 제자리에서 핑그르르 돌며 무척 신이 나 있었다.

"얼마나 걸리는데요?"

현실을 빠르게 수긍한 호야가 질문했다.

"이틀이면 충분할 거야. 너희들은 다윈박사님을 따라 평소처럼 임무를 수행하면 돼."

개미박사님은 총총 복도를 달려갔다. 아이들도 뒤를 따랐다.

"조사 지점까지는 걸어가시나요?"

미리의 말이 끝나기도 전에, 한쪽 벽이 열리며 소형 탐사선 격납고가 나타났다.

"그럴 리가 있겠니."

문이 열리고 개미박사님이 탐사선에 올라탔다. 아주 얇은 특수 금속으로 만들어져 에너지 소비를 최소화한 도토리 모양 탐사선이었다.

"와, 멋지다!"

아이들이 탐사선 주위로 다가들었다. 너무나 타 보고 싶게 생긴 귀여운 탐사선이었다.

저걸 타고 정글을 돌아다니면 야생동물들을 가까이서 지켜볼 수 있을 텐데.

"미안하다. 1인용이라. 초경량 탐사선이지."

부러움과 원망이 뒤섞인 눈길에도 아랑곳하지 않고 박사님은 출발 준비를 했다.

"정말 우리도 같이 가면 안 돼요? 우리가 타면 부서져요?"

와니가 애처로운 눈망울로 물었다.

"탐사선이 초경량이라는 거지, 무게는 180킬로그램까지 버틸 수 있단다."

"그러니까요. 우린 무겁지도 않잖아요."

"너희는 여기서 할 일이 있잖니."

서둘러 떠나시는 모습이 얄밉기만 했다.

"매일의 일과는 AI 시스템에 기록해 놨다. 너흰 정글을 탐사하기에 아직 공부가 부족하고, 가장 안전한 곳은 비글호 안이란다. 궁금한 건 다윈박사님께 물어보면 되고."

쳇, 뭐가 이렇담. 할 일만 산더미처럼 쌓아 두고 혼자 가시다니. 탐사선의 출입문이 스르륵 닫히고, 개미박사님의 목소리가 스피커를 통해 울려 퍼졌다.

"비글호 안에서도 특수 야간 망원경으로 다양한 동물들을 관

찰할 수 있단다. 주 조종실의 유리창이 극장처럼 커다란 화면으로 바뀔 거야. 그럼 이만."

비글호의 격납고가 천천히 열렸다.

끙차! 뿅!

마치 똥을 누듯 비글호가 힘을 주자 격납고에서 소형 탐사선이 튀어나왔다. 우두두두두, 프로펠러가 돌아가기 시작했다. 개미박사님을 태운 탐사선은 붕 떠올라 하늘을 날아갔다.

"절대 절대 절대로, 비글호 밖은 나가면 안 된다, 알겠지?"

개미박사님의 당부의 말이 스피커를 통해 울려 퍼졌다.

"헐. 진짜 이 깊은 정글에 우리만 두고 떠나 버리셨어."

아이들은 믿을 수 없다는 듯 중얼거렸다.

2. 블랙아웃

"개미박사님 너무해. 아까 떠날 때 봤어?"

와니는 호야랑 같이 에코 시스템의 에너지 변환기 옆에서 말 그대로 똥을 푸는 중이었다.

"1인승이라 안 된다더니, 격납고에 보니까 다른 탐사선도 많던데."

호야도 맞장구쳤다. 마스크를 썼지만, 냄새는 고약하다.

"나도 정글을 탐사해 보고 싶어. 얼마나 재미있을까."

"그런데 여기 남아서 똥이나 푸고 있다니."

그때 아라가 물동이를 들고 들어왔다. 아라도 식물방과 동물방을 오가며 일하느라 온통 땀에 젖어 있었다.

"점심시간이야. 밥 먹고 다윈박사님한테 정글 안전 교육 받으래."

아이들은 기다렸다는 듯 똥 푸기를 멈추고, 아라와 함께 식당으로 향했다.

아이들은 나란히 비글호 위에 앉아 끝없이 펼쳐진 초록의 숲을 바라보았다. 날씨는 몹시 후덥지근했다. 그래도 친구들과 함께 앉아 있으니까 견딜 만했다. 아이들은 주방장 로봇이 싸준 도시락을 나눠 먹을 참이었다. 짙푸른 녹음 위로 점점이 파란 물웅덩이와 굽이치는 강줄기가 보였다.

"덥긴해도 밖에 나오니까 살 것 같다."

"박사님이 절대 밖으로 나가면 안 된다고 했는데?"

"밖으로 나간 건 아니지. 엄밀히 말하면 여긴 비글호의 표면, 이론적으로는 아직 비글호라고."

호야는 별 게 아니라는 식으로 말했다.

"아침부터 늘보, 강치, 제비, 핀, 구복이, 그리고 동물방 아기들 밥 먹이고 식물방에 물 주고 나니까 벌써 점심이야."

아라는 아픈 다리를 두드리며 중얼거렸다.

"그런데 이 햄버거 뭐냐? 왜 맛있어?"

"뭐겠니. 그냥 먹어."

"인간은 역시 적응의 동물 같아."

"집에 가면 이 햄버거 생각날 것 같아."

저 멀리서 우오오오오 하는 기이한 울음소리가 숲속 가득 울려 퍼졌다. 놀란 앵무새들이 일제히 날아올랐다. 눈으로 보기 전엔 믿기 힘든 아름답고 경이로운 장면이었다.

"오, 밤에 제대로 들여다봐야지. 아이맥스 영화 같을 거야."

야간 카메라를 통해 정글의 밤을 들여다볼 생각을 하자 가슴이 두근거렸다.

"너희는 정글에서 뭐가 보고 싶어? 코끼리? 표범?"

와니가 햄버거를 맛있게 먹다 말고, 친구들에게 물었다.

"난 열대에 사는 개미나 전갈."

"난 화려한 나비나 앵무새 같은 거."

"난 오랑우탄. 우리랑 얼마나 닮았을까 궁금해."

"그중에서 누가 제일 무서울 거 같아? 정글에선 누가 제일 강할까?"

호야가 친구들에게 질문을 던졌다.

"그야 정글에서는 표범이나 독사, 독충 이런 거 아냐?"

"덩치 큰 코끼리나 하마한테는 아무도 못 덤빌걸?"

"일단 나무늘보는 꼴찌야. 세상에서 제일 약하고 느리고 보잘것없을 테니까. 우리가 돌봐 주지 않으면 금세 잡아먹힐걸."

아이들은 저마다 생각에 잠겼다.

"일단은 뭔가 자기만의 필살기 기술이 있어야겠지."

"이를테면, 맹독, 큰 덩치, 빠른 다리, 힘센 근육…."

"날카로운 이빨, 발톱, 날개…."

"야, 방어 도구도 있어야지. 거북이 등껍질처럼."

아이들이 제각각 떠들어댔다.

"그런데 강하다는 게 뭐야? 꼭 힘이 세야 강한 건가?"

갑자기 아라가 친구들에게 의문을 제기했다.

"인간도 힘은 약한데, 머리가 좋잖아."

"만물의 영장이라잖아."

생각에 생각이 꼬리를 물었다.

그때 아이들 앞에 온갖 깃털과 나뭇잎으로 치장한 다윈박사님이 나타났다.

"짠! 이제 그만 들어갈 시간이야. 음하하하."

대체 왜 이렇게 신이 나신 거야. 무섭게. 아이들은 한숨을 쉬고는 다 같이 안으로 들어갔다.

"몇 가지 규칙만 잘 지키면 정글은 생각만큼 위험하지 않단다. 물론 독사와 독충, 표범 같은 짐승은 위험하지. 그렇지만, 정글에서 뱀에 물려 죽을 확률은 도시의 교통사고 사망 확률이나, 심지어 집안에서 벌어지는 여러 안전사고 사망 확률보다 적어. 정글에서조차도 동물들에게는 우리 인간이 제일 두려운 존재거든. 독사나 독충이 없나 조심스럽게 길을 살피고, 낯선 동물과 맞닥뜨리면 자극하지 말고, 가만히 기다릴 것. 대부분의 동물들은 인간의 움직임을 먼저 감지하고 알아서 피해 간단다."

다윈박사님과 함께하는 정글 탐사를 위한 교육 시간이었다.

"무엇보다 정글에서는… 우리 또한 자연의 일부라는 것을 명심할 것. 즉 우리 인간도 동물이고, 우리에게도 동물과 같은 감각이 있다 이 말씀. 우리는 잊고 있었던 그 감각을 일깨워야…."

박사님 특유의 끝없이 이어지는 이야기에 아이들 눈꺼풀은 점점 무거워지고 있었다. 이대로 가면 전멸이야.

"박사님! 정글에 가 보신 적 있어요?"

와니가 대뜸 질문을 했다. 더 이상은 무리다. 모두 쿨쿨 잠들어 버릴 것 같았다.

"정글? 당연하지. 내 인생 최고의 경험이었지. 그 시절 영국인 중에 정글에 직접 가 본 사람이 얼마나 될까? 수십 일 간의 고된 항해를 해서 낯설고 사람 흔적 없는 열대우림 한가운데를 걷는다는 건….”

박사님은 흥분했는지 구름을 퐁퐁 피워 내며 이야기를 시작했다.

"정글에는 아직도 우리에게 알려지지 않은 생물이 엄청나게 많다면서요. 박사님! 저희랑 같이 정글에 가 보고 싶지 않으세요?”

"우리가 박사님의 눈과 귀가 되어 모든 걸 이야기해 드릴게요.”

다윈박사님 눈동자가 갑자기 접시만큼 커졌다. 잠시 골똘히 생각에 잠기는가 싶더니,

"개미박사가 비글호 밖으로 나가는 건 엄격하게 금지했을 텐데?”

몸을 배배 꼬았다가 하늘로 솟아올랐다 갈팡질팡하는 모습을 보니 맘이 흔들리는 게 틀림없었다.

"여기 어른 있잖아요. 박사

님이 우리를 보호해 주시면 되죠."

"너희들 해야 할 일이 산더미 아니냐? 물 주기, 밥 주기, 똥 푸기, 관찰 일지에 탐사 일지에…."

"관찰 일지는 정글을 탐사하면서 작성하면 돼요."

"개미박사는 너희가 꾀부릴 줄 알고, 할 일을 엄청나게 만든 것 같던데."

"좋은 생각이 있어요."

아이들은 다윈박사와 함께 동물 방으로 갔다.

"이것 보세요. '자동 제어' 버튼이에요."

호야가 의기양양하게 버튼을 가리켰다.

"이렇게 뛰어난 인공지능 탐사선에 자동 제어 기능이 없을 리가 없잖아요."

호야가 버튼을 작동시키자, 놀랍게도 천장에서 로봇팔이 나와 움직이기 시작했다. 물도 주고, 밥도 주고, 쓰다듬어 주고, 각 동물 상태를 자동으로 기록하기까지!

"으하하하하, 우린 해방이다!"

와니가 손을 번쩍 들어 올리고 빙글빙글 돌았다. 솔직히 너무 기뻤다. 옆 칸의 식물방에서도 자동 제어 프로그램이 실행되고 있었다. 시간에 맞춰 빛과 온도와 습도를 조절하는 로봇팔들이 분주히 나와 움직였다. 에코 시스템 제어실에서도 마찬가지였다. 로봇팔을 시키면 될 것을, 왜 아이들에게 똥을 푸라고 시켰단 말인가. 대체 이 쉬운 걸 개미박사님은 왜 사용하지 않은 건지 모르겠다. 혹시 박사님은 그저 아이들이 재미있게, 자유롭게 노는 게 싫어서 그런 거 아닐까. 그냥 심술궂은 맘으로 말이다! 어쨌든 아이들은 이제 자유였다. 나무늘보만 빼고.

"늘보는 너무 어려서 로봇에게 맡길 수가 없어. 어떡하지?"

미리가 안타까워했다.

"당번을 정하면 되잖아. 기다려 봐."

짠! 얼마 뒤 와니는 우스꽝스러운 차림으로 나타났다.
"어떠냐, 나의 눈썰미! 저번에 박사님 옷장에서 봐 뒀거든."
두 손과 두 발에는 기다란 세 개의 발톱이 달려 있는, 대걸레 같은 긴 털로 뒤덮인 나무늘보 위장복이었다.
"으하하하하, 이게 뭐야?"
아이들은 손뼉을 치며 재미있어했다.

와니는 뒤뚱뒤뚱 걸어 다니며 발톱을 이용해 기둥에 매달리는 시범을 보였다. 좀 어설프기는 하지만 제법 그럴듯했다.

"박사님 옷장 구석에 이런 유니폼도 있더라."

아이들은 와니가 가져온 유니폼과 장화를 보며 놀라워했다. 아무래도 정글 탐사복 같은데, 평소 입던 옷이나 신발과는 조금 다르게 생겼다. 아무려면 어때. 반투명 장화는 반짝반짝 말랑말랑한 느낌이었고, 탐사복은 처음 보는 특이한 재질로 만들어져 있었다. 가슴에는 동그란 모양의 특이한 단추가 두 개 붙어 있었다.

"이건 비글호 선원들 유니폼 같은데?"

"와, 너무 멋지다. 촉감이 꼭 야자잎 같아."

"우주복 같기도 하고!"

아이들은 누가 먼저랄 것도 없이 유니폼을 입고 장화를 신었다. 어쩜, 이럴 수가! 맞춘 것처럼 딱 맞네. 모자까지 쓰고 나니 완벽.

"늘보야, 우리 어때?"

아라가 늘보를 안아서 와니의 위장복 위에 얹어 주었다.

늘보는 잠시 허공에 대고 팔다리를 버둥거리더니, 익숙한 듯 와니의 배에 착 달라붙었다. 그리고는 머리를 파묻고 미소를 지었다. 정말 엄마와 아기 같았다.

"오, 완벽한데? 근데 덥진 않아?"

"괜찮아. 이거 특별한 섬유인가 봐. 엄청 가볍고 바람도 슝슝 들어와."

그때, AI 모니터가 깜빡거리기 시작했다. 열심히 맡은 일을 하던 로봇팔들도 그대로 허공에 정지했다.

"자동 제어 프로그램을 계속 실행할까요? 이 프로그램을 실행하면 많은 에너지가 소모됩니다."

비글호의 AI 목소리가 차분하게 물었다.

[계속] [멈춤]

와니는 [계속] 버튼을 꾹 눌렀다.

"물론이지! 우리 대신 수고하라고."

멈춰 있던 로봇팔들이 다시 분주히 움직이기 시작했다.

"우리 이제 놀아 볼까?"

멋진 유니폼을 갖춰 입은 호야, 아라, 미리와 나무늘보 옷을 입은 와니에 늘보까지.

"음하하하, 우리는 정글 탐사대다!"

아이들은 마주 보며 까르르 웃었다. 갑작스럽게 주어진 자유를 만끽하며 신나게 복도를 내달렸다. 뭐든지 내 맘대로였다. 강치와 제비도 덩달아 신이 나서 따라 달렸다. 뭐든지 마음대로 해도, 로봇팔들이 알아서 청소까지 해 줄 거니까 아무 걱정이 없었다.

"으하하하하…. 당연히 '계속'이지, 뭘 묻냐."

비글호의 AI가 몇 차례 자동 프로그램을 연장할지 묻는 경고음을 울렸지만, 아이들은 주저 없이 [계속] 버튼을 눌렀다. 다

 시는 고된 일을 하고 싶지 않았다. 포도당 캔디를 마구 집어던지고, 탐사 일지 종이를 허공에 뿌리고, 식물방의 물 뿌리개로 물총 싸움을 하며 꽥꽥 고함을 질렀다.
 그러나 아이들 모두 지금으로부터 30분 후, 돌이킬 수 없는 끔찍한 사고가 그들을 덮칠 거라고는 예상하지 못했다. 불행 중 다행이라 할 게 있다면, 아이들 나름 최소한의 준비는 되어 있었다는 점이다.
 첫 번째, 주방장 로봇에게 미리 주먹밥 도시락과 청정수를 받아 둔 것(벌레는 빼주세요, 아니면 안 보

이게 갈아 주시고요).

두 번째, 각자 탐사용 유니폼을 입고, 장화를 신은 것(나무늘보 위장복을 입은 와니만 빼고).

세 번째, 그나마 호야의 손목에 다윈박사님을 호출할 수 있는 이동식 장치가 채워져 있었다는 점.

네 번째, 와니의 나무늘보 옷과 아이들의 유니폼 속에 각각 자동 위치 추적 장치가 붙어 있었다는 것(정글에서 혹시 서로 떨어져 있다고 해도, 다윈박사님을 통해 위치를 추적할 수 있다).

"나 잡아 봐라, 우히히히!"

"너무 멀리 도망가지 않기!"

아이들은 비글호의 문을 열고 풀밭 위로 뛰어내렸다. 강치와 제비도 따라서 폴짝 뛰어내렸다. 늘보는 와니의 배에 매달려 있었다.

"어디까지 가는 거니? 난 비글호를 벗어날 수 없어."

다윈박사님이 흐릿해진 몸을 꿀렁이며 툴툴거렸다.

축축하면서도 달콤한 바람이 훅 불어왔다. 집을 떠난 지 겨우 며칠 됐을 뿐인데, 아주 오랜 시간이 지나버린 것 같았다.

"오, 멋지다."

아이들은 이구동성으로 말했다. 물웅덩이 위로 막 해가 지기 시작했다.

"여기서 빗물이 고여 큰 물웅덩이를 만들고, 그 물줄기가 강의 지류까지 흘러가게 된단다. 그 강이 구불구불 정글을 가로질러 해안까지 닿는 거야. 강물과 바닷물이 만나는 거지. 이런 열대우림 한가운데서도 나무가 없이 평평한 땅은 몹시 드물어. 게다가 마실 물까지 있으니 정글의 동물들에게 말 그대로 이곳이 '만남의 장'이 되는 거야. 그들에게는 휴게소나 카페 같은 거랄까. 곧 어두워지면 온갖 동물들이 물을 마시러 올 거다. 그래서 개미박사가 아이맥스 영화관처럼 정글의 동물들을 관람하라고 한 거야. 여기서 지켜볼 생각을 하니 기대가 되는구나."

그때였다. 다윈박사님의 설명이 끝나기가 무섭게 갑자기 비글호 전체에 불이 켜지며 커다란 목소리가 울려 퍼졌다.

"에너지 소모가 큰 자동 제어 프로그램이 곧 종료됩니다. 재충전을 위해 모든 시스템은 **블랙아웃**됩니다. 곧 모든 시스템이 블랙아웃됩니다…."

그리고는 바로 스르륵 쿵!

그 소리는 비글호의 문이 닫히는 소리였다.

브ㅈㅈㅈㅈㅈ, 삑, 뽁.

이 소리는 비글호에 켜져 있던 모든 불빛이 꺼지는 소리였다. 동시에 다윈박사님도 스르륵 눈을 감더니 제어 장치 속으로 힘없이 빨려 들어가 버렸다!

"열어 주세요! 열어 주세요!"

깜짝 놀란 아이들 모두 비글호 문에 들러붙어 힘껏 문을 두드려댔다. 유리창 너머로 비글호에 갇힌 까치 핀이 애처롭게 푸드덕대며 와니를 찾는 게 보였다.

그러나 비글호는 깊은 잠에 빠진 듯 미동도 하지 않았다.

"이게 뭐야? 대체 어떻게 된 거야?"

저절로 눈물이 흘러나왔다. 역시 개미박사님이 자동 제어 프로그램으로 비글호를 운행하지 않는 이유가 있었어.

"자동 제어 프로그램이 그렇게 에너지를 많이 소모하는 거였어?"

"블랙아웃이 뭐야?"

"모든 시스템이 다 정지되는 건가 봐."

아이들은 이제 비글호 안으로 들어갈 수 없었다. 얼마나? 모르겠다. 모르는 것이 없는, 말은 좀 많지만, 언제나 우리의 훌륭한 길잡이가 되어 주었던 다윈박사님도 깊은 잠에 빠져 버렸다. 세상에서 제일 똑똑하고 재미있던 다윈박사님. 세상에서 제일 안전하고 재미있던 비글호.

아이들은 이제 정글에 갇힌 거였다.

3.
빨간 넥타이를 맨 친구

 해가 뉘엿뉘엿 지고 있었다. 비글호의 은빛 선체도 빛을 받아 아름답게 빛났다. 비글호는 양쪽으로 거대한 날개를 펼친 채였다. 특수 섬유로 된 비글호 날개는 아마도 에너지를 충전하는 중일 것이다. 마치 노을 속에 커다란 나비가 투명한 날개를 펼치고 앉아 잠깐 쉬고 있는 것 같았다. 아이들은 끝없이 펼쳐진 초원과 물웅덩이, 그 사이로 굽이치는 물길, 그리고 빽빽한 정글 숲을 바라보았다.

 "우린 대체 뭘까?"

 "세상에서 제일 멍청한 아이들 넷."

"아무것도 모르고 잠든 아기 늘보."

"뚱뚱한 닥스, 홀쭉한 닥스."

"이제 우리 어떡하지?"

우선 좋은 소식은 호야 손목에 채워져 있던 다윈박사님의 이동식 호출장치가 곧바로 작동되었다는 것이다.

"얘들아, 기죽지 말자. 정글 수칙을 잘 지키기만 하면 그다지 위험할 건 없단다. 내 200살 넘은 어른으로서 너희를 보호해 주마…."

잠에서 깬 다윈박사님이 다시 수다를 떨기 시작했다.

나쁜 소식은 이 와중에 와니의 아랫배가 부글거리기 시작했다는 점이다.

"이런 상황에 눈치도 없이."

호야가 타박했지만, 와니는 당당했다.

"똥 마려운 게 죄는 아니잖아?"

"해가 지는데 어딜 가겠다는 거야?"

"우리 안 볼게 그냥 여기서 싸면 안 돼?"

"이렇게 오픈된 곳에서 사적인 일을 해결할 수는 없어!"

아라의 제안에 와니는 펄쩍 뛰었다.

"길 잃어버리지나 마."

"걱정 말거라. 너희들 위치가 지금 나에게 잡히는 중이야."

다윈박사님이 홀로그램 영상으로 지도 위 빨간 점들을 보여 주었다. 신기하게 아이들 넷의 위치가 표시되고 있었다.

"옷 속에 우리 위치를 알려 주는 장치가 붙어 있나 봐."

"옷마다 위치 추적 장치를 심어 놓다니, 기발해."

다윈박사님이 모처럼 개미박사님을 칭찬했다.

"여기서 비데를 찾지 않는 것만으로도 고마워하라고."

와니는 늘보를 매단 채 숲속으로 총총 사라졌다. 울어야 할지 웃어야 할지.

그때, 어디선가 미세한 날갯짓이 일으키는 공기의 파장이 느껴졌다. 멀리서 거대한 검은 안개가 물웅덩이 위로 밀려들며 낮게 깔리기 시작했다. 저게 대체 뭐지?

"먼지인가?"

"꽃가루?"

"모기떼?"

그때 다윈박사님이 말했다.

"스마트워치로 찍어 봐. 다윈 데이터베이스에 저장된 동물이라면 정보를 알려 줄 수 있거든!"

호야가 스마트워치를 검은 그림자 무리에 갖다 대자, '하루살이' 카드가 나타났다.

"저렇게 떼로 모여 있는데도 참 무해하구나."

"무기도 없고, 독도 없고."

"며칠밖에 못 살잖아."

"세상에서 제일 약한 동물 아닐까."

거대한 하루살이 무리는 짝짓기를 위해 공중에서 어지럽게 날아다녔다. 새하얀 먼지가 바람에 흩날리는 것 같았다. 잠시 후에, 짝짓기를 마친 하루살이들이 물가로 우수수 떨어져 죽었다. 이때만을 기다렸다는 듯 도마뱀과 개구리 무리도 와글와글

다윈DB

하루살이

Ephemeroptera

- 분류 : 동물계, 절지동물문, 곤충강, 하루살이목
- 서식지 : 전 세계의 하천, 호수, 늪
- 먹이 : 유충의 경우 녹조류, 유기물 등
- 고생대부터 지금까지 생존하여 살아 있는 화석이라 불림.

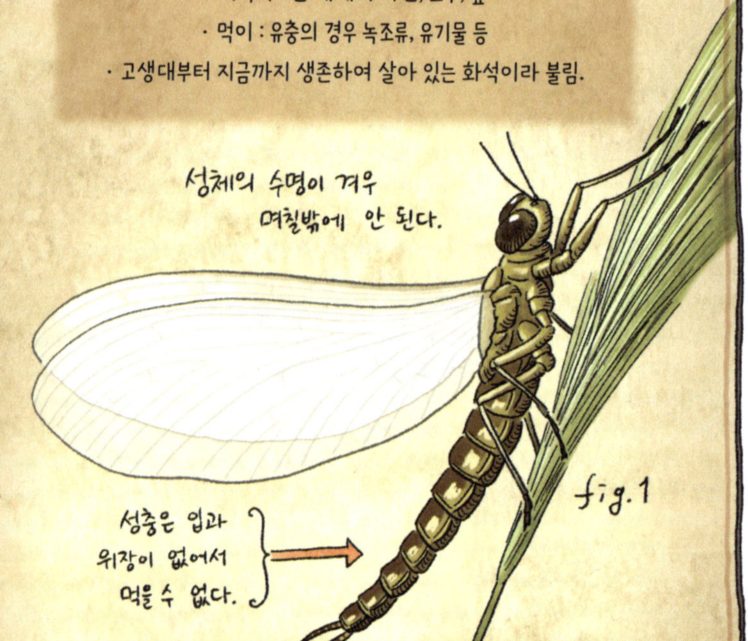

성체의 수명이 겨우 며칠밖에 안 된다.

성충은 입과 위장이 없어서 먹을 수 없다.

fig.1

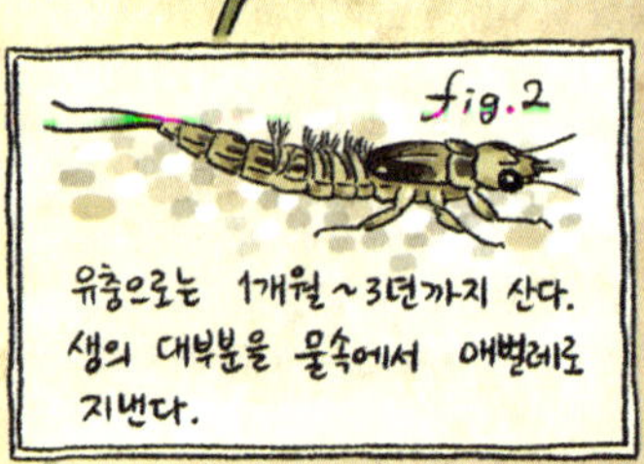

fig.2

유충으로는 1개월~3년까지 산다. 생의 대부분을 물속에서 애벌레로 지낸다.

성충 하루살이의 유일한 목표는 오직 번식! 임무를 완수한 다음에는 곧바로 죽음을 맞이한다.

Charles Darwin

물가로 기어 나왔다.

"하루살이의 죽음이 누군가에게는 축제인가 봐."

하루살이 시체는 다른 동물들의 좋은 먹이였다. 물 위로 떨어져 내리는 시체들은 그대로 물고기 밥이 되었다. 뻐끔뻐끔 입을 내밀며 힘차게 헤엄치는 물고기들로 수면이 반짝였다.

와니는 덤불을 헤치며 빽빽한 나무를 헤집고 들어갔다. 마침 거대한 잎사귀가 자연스럽게 가림막이 된 으슥한 곳을 찾았다. 나무늘보 위장복은 옷을 다 벗지 않고도 일을 볼 수 있게 디자인되어 있었다.

"오호, 이것 참 편리하구만."

쭈그려 앉아 힘을 주며, 적당한 나뭇가지와 나뭇잎을 찾고 있었다. 무슨 용도로 쓸 것인지는 밝히지 않겠다. 여러분 모두가 짐작하는 바로 그게 맞다, 으하하하. 정글이란 게 생각보다 위험하지 않고 참 평온하다는 생각에 잠겨 있을 찰나였다. 누군가 톡톡 와니의 가림막 잎사귀를 두드렸다. 노크하듯이.

"사람 있어요."

와니는 습관적으로 화장실에 있을 때처럼 대답했다.

대답하고 나니 갑자기 이건 아니라는 생각이 들었다. 정글 한가운데서 노크라니?

"누구…세요?"

푹!

무언가 와니가 볼일을 보고 있던 땅바닥에 앞발을 척 올리자, 진흙 위에 거대한 발자국이 보였다.

이게 뭐지? 순간적으로 와니는 공룡시대로 온 듯한 착각에 빠졌다. 새 발자국 같긴 한데, 뭐지 이 어마어마한 스케일은?

"티라노사우루스…?"

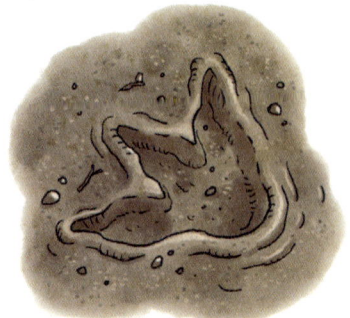

반질반질한 가죽으로 덮인 튼실한 다리, 뾰족한 발톱은 정말 공룡의 앞발 같았다. 닭발이라기엔 너무나 늠름하고 육중했다.

"헉!"

와니는 그제야 사람이 너무 놀랄 때는 비명도 나오지 않는다는 말을 이해할 수 있었다. 소리가 밖으로 나오는 대신, 그대로 막혀 버렸다. 그다음, 기다렸다는 듯 잎사귀 밑에서 뿅 튀어나온 얼굴은….

똥그랗게 치켜뜬 눈, 뾰족한 부리, 둥그런 반원 모양의 볏. 제일 놀라운 건 목 밑에서 덜렁거리는 빨간 살덩이였는데, 꼭 불량 학생이 느슨하게 풀어 젖힌 교복 넥타이처럼 보였다.

"고로로로로로록?"

와니는 너무 놀라 똥을 누고 있다는 사실도 잊어버렸다. 몸이 그대로 굳어 버렸기 때문이었다.

"고로로로로로록!"

화식조는 장난스럽게 눈알을 굴리며 괴상한 소리로 울었다. 녀석은 목을 쭉 빼고 복슬복슬한 검은 털을 부르르 떨었다. 녀석은 가까이 다가들더니 와니의 얼굴과 잠들어 있는 나무늘보를 뚫어지게 쳐다보았다.

"저기, 내가 잘못했어…요."

화식조

Casuarius

- 분류 : 동물계, 척삭동물문, 조강, 타조목
- 서식지 : 뉴기니섬 및 오스트레일리아 북동부 열대림
- 먹이 : 과일, 버섯, 곤충, 양서류, 파충류 등
- 날개는 없지만 다리 근육이 발달하여 시속 50킬로미터로 달릴 수 있고, 발차기와 점프를 할 수도 있음.

날개 없는 새.

몸무게 50~60킬로그램
키 1.3~1.7미터

목에는 붉은 돌기가 드리워져 있다.

fig.1

fig.2
과일을 통째로 삼키고 배설하므로 씨앗을 퍼뜨리는 역할을 한다. 일명 밀림의 농사꾼.

붉은 돌기를 보고 옛사람들이 '불을 먹는 새'라는 뜻의 이름을 붙였다.

Charles Darwin

저도 모르게 존댓말이 튀어나왔다. 와니가 침을 꼴깍 삼켰다. 정말이지 막다른 골목에서 불량 학생에게 붙들린 기분.

"고로로로로로로록!"

그러나 녀석은 와니가 맘에 든 모양이었다. 아마도 와니의 나무늘보 위장복을 보고는 정글에 사는 먼 친척쯤으로 여긴 모양이었다. 갑자기 나란히 옆에 서서 신중하게 자리를 고르더니

푸직! 푸지지지직! 푹! 푹!

엄청난 양의 똥을 누었다. 똥에는 채 소화되지 않은 커다란 열매와 씨앗이 그대로 들어 있었다.

"아니, 첫 만남부터 이건 좀…."

너무 무서웠지만, 동시에 너무 웃기고 이상했다. 정글 한가운데서 도대체 이게 무슨 만남이란 말인가! 저 빨강 넥타이 녀석과 나란히 앉아 같이 똥 눈 사이가 되다니. 그런데 가만 보고 있자니 녀석의

모습이 우스꽝스러웠다. 무슨 새가 저래?

"너, 무슨 새가 날개도 없냐? 덩치만 크고."

날개가 있어야 할 자리엔 날개가 없고, 걷는 모습도 뒤뚱뒤뚱 우스꽝스러웠다.

"오호, 그런데 너 똥 냄새는 제법 향기롭구나?"

빨간 넥타이가 눈 똥에서는 신기하게도 과일 냄새가 났다.

"너를 '똥 냄새가 향기로운 친구'라고 부르겠어."

다윈박사님 말처럼 해가 기울자 물웅덩이 주위로 도마뱀, 개구리뿐 아니라, 작은 원숭이들이며, 사슴, 멧돼지까지 그동안 어디에 숨어 있었는지 보이지 않던 동물들이 슬금슬금 모여들어 물을 마셨다.

"아라야, 너 엉덩이에 뭘 붙인 거야?"

미리가 깜짝 놀라 소리쳤다.

"어디 어디?"

아이들이 아라에게 모여들었다. 아라 엉덩이에 두 눈이 툭 튀어나온, 이상한 물고기가 붙어 있었다.

"으악, 뭔데, 뭔데? 어서 떼 줘!"

물고기인지, 도마뱀인지, 아니면 벌레인지 도통 헷갈리는 모

습이었다.

"얘들아, 이것 좀 봐. 여기 바글바글해."

미리는 물웅덩이에서 헤엄치고 있는 물고기들을 가리켰다. 아라 엉덩이에 붙어 있던 녀석은 마침 웅덩이 속에 퐁당! 숨어 버렸다.

친구들은 달려가 쭈그리고 앉았다. 이 녀석, 대체 뭐지?

"가슴지느러미를 팔처럼 쓰네?"

"와, 진짜 나무에도 돌멩이에도 아무 데나 잘 붙잖아?"

"물 밖에서 숨은 어떻게 쉬지?"

망둑어들이 진흙 바닥을 펄떡펄떡 옮겨 다니며 부지런히 먹이를 찾아다녔다. 세상에, 뻘밭을 걷는, 아니 뛰는 물고기라니. 정말 이상한 녀석들이었다.

"데이터베이스에 저장."

다윈박사님은 다윈 데이터베이스에 저장할 신기한 동물들을 수집하느라 바빴다.

"이런 구멍은 조개들 숨구멍이서는. 으악, 이게 뭐야?"

호야는 진흙에 난 구멍을 나뭇가지로 쑤시며 아는 척을 했다. 그러다 깜짝 놀라 한 발짝 뒤로 물러났다. 무언가 모래 밑에 숨어 눈만 끔벅이고 있었다. 마침내 녀석은 부르르 몸을 떨

망둑어

Gobiidae

- 분류 : 동물계, 척삭동물문, 조기어강, 망둑어목
- 서식지 : 한국, 일본, 중국, 오스트레일리아, 인도, 북아메리카 연해
- 먹이 : 곤충, 갯지렁이, 갑각류 등
- 습기가 있는 상태라면 22~60시간 정도 물에 들어가지 않고 살 수 있음.

걷는 물고기.

fig.1

배에 있는 지느러미로 어디든 달라붙을 수 있다.

fig.2

가슴지느러미를 팔처럼 사용해 걸어다닐 수 있다.

아가미에 물주머니가 있어서 숨 쉴 때마다 그 물을 활용하여 물 밖에서도 오래 버틸 수 있다.

Charles Darwin

더니 모습을 드러냈다. 호야의 나뭇가지를 콧구멍에 끼운 채 몹시 억울한 표정으로.

"대체 저게 뭐지? 거북인가?"

"등껍질이 좀 다르게 생겼지?"

다윈박사님이 다윈 데이터베이스에서 카드를 찾으며 말했다.

"멸종위기종인 대왕자라구나! 자라도 거북의 한 종류이긴 하지."

"등껍질이 부드러운 거북이라니."

"대신 엄청 민첩하고 빠른데? 거북 중 제일 빠른 것 같아."

놀라운 반전이었다. 대왕자라는 먹이를 발견하자 놀라운 속도로 뛰쳐나와 덥석 물었다. 꿀꺽, 우물우물. 그리고는 다시 아무 일 없다는 듯, 모래 속에 몸을 숨겼다. 끔벅끔벅 눈만 내놓고.

"그나저나 와니는 어떻게 된 거지?"

신나서 새로운 정보들을 수집하던 다윈박사님이 갑자기 심

대왕자라

Rafetus swinhoei

- 분류 : 동물계, 척삭동물문, 파충류강, 거북목
- 서식지 : 양쯔강, 베트남, 인도네시아 등의 하천이나 늪
- 먹이 : 어류, 양서류, 갑각류 등
- 현재 심각한 멸종 위기 상태임.

매끈하고 말랑말랑한 등껍질 때문에 '부드러운 껍질거북' 이라고도 불린다.

fig.1

fig.2

대부분의 시간을 모래 속에 파묻혀 지낸다.

거북의 한 종류라 느릴 것 같지만 먹이를 낚아채는 속도는 수준급이다.

Charles Darwin

각한 목소리로 말했다. 다윈박사님이 와니의 위치를 보여 주었다.

"무슨 일이 생긴 것 같군. 와니가 점점 숲속 깊이 들어가고 있구나."

"이 녀석, 똥 누다가 길을 잃어버린 건가요?"

"멀리 가진 않았을 거야. 빨리 가서 데려오자."

"그런데 우리도 길을 잃어버리면 어떡하죠?"

"박사님, 이 지역의 지도를 보여 주실 수 있나요?"

"당연하지."

다윈박사님은 자신만만하게 아이들 앞에 정글의 지도를 펼쳐 보였다. 호야가 한참 지도를 들여다보곤 고개를 갸웃거렸다.

"지도를 봐도 소용없을 것 같아. 기준이 되는 특이한 건물도 없고."

"온통 똑같은 풍경일 테니까."

"좋은 생각이 났어!"

아라가 주머니에 잔뜩 들어 있던 포도당 캔디를 꺼냈다.

"헨젤과 그레텔! 걔들처럼 열 걸음? 아니 스무 걸음마다 이 사탕을 하나씩 던져 두자. 그럼 되돌아올 수 있잖아."

오, 제법 그럴듯한데?

과연 그럴까?

4. 정글의 밤

쿵쿵쿵쿵….
 천방지축 왕복 달리기의 명수인 강치와 제비도 코를 땅에 붙인 채 천천히 기어갔다. 녀석들은 비글호 안에서와는 달리 눈

에 띄게 조심스럽게 행동했다. 숲에 들어서자 너무나 낯설고 새로운 냄새들로 황홀했던 순간의 기쁨도 잠깐뿐이었다. 이내 온갖 종류의 소리와 냄새 때문에 오히려 신경이 날카로워진 모양이다.

"걱정된다. 와니가 엄청 깊이 들어가는데?"

호야는 움직이는 빨간 점을 바라보며 걱정스런 목소리로 말했다.

"그나저나 이 유니폼 덕분에 살았어."

아이들이 아무 생각 없이 주워 입은 유니폼은 정말이지 큰 도움이 되었다. 정글 안은 완전히 깜깜했다. 주위의 빛이 사라지자, 신기하게도 뒤집어쓴 모자 중앙에서 탐조등이 켜졌다. 강렬한 밝은 빛이 아니라 희미하게 어둠만 밝히는 정도였지만, 익숙해지니까 길을 밝히며 나아갈 정도는 되었다.

"개미박사가 재미난 장비들을 많이 연구 중이었구만. 겉보기랑은 다르게 꼼꼼한 구석이 있단 말이야."

다윈박사님은 감탄 연발이었다. 신기하게도 아이들이 장난처럼 꺼내 신은 장화도 보통 장화가 아니었다. 발을 쏙 집어넣으면, 말랑말랑 도톰한 실리콘이 발 모양을 그대로 폭 감싸서 착 피부에 들러붙었다. 물론 밑창은 특별히 더 푹신했다. 독사나 습기, 거친 돌부리 걱정 없이 벗은 발로 정글을 편안하게 돌

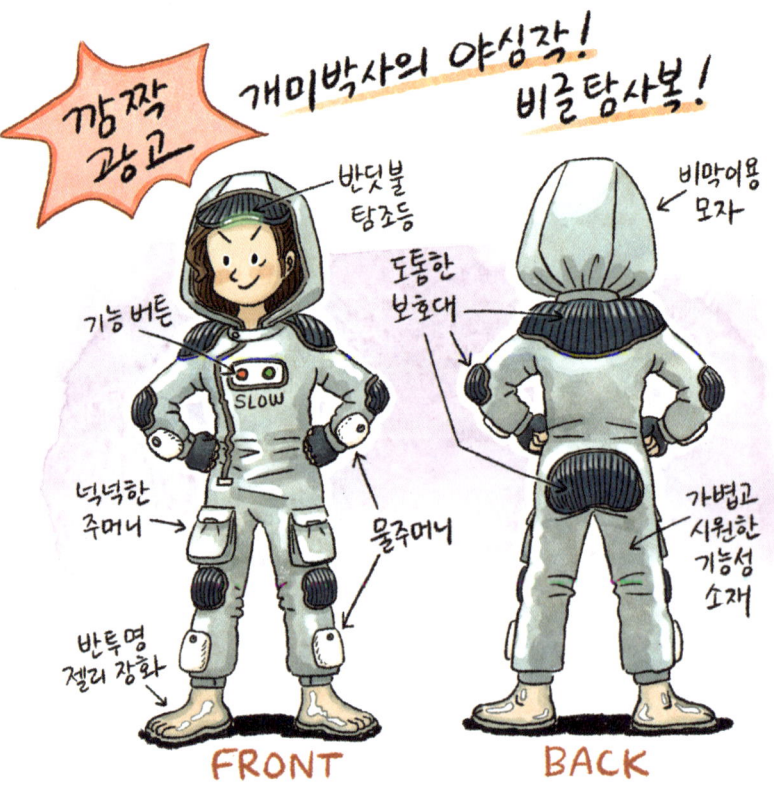

아다니는 기분이 드는 마법 같은 신발이었다.

"이러다가 비글호로 못 돌아가는 거 아냐?"

"걱정 마. 헨젤과 그레텔 작전을 믿으라고."

아라는 스무 걸음에 하나씩 포도당 사탕을 떨구며 전진하는 중이었다.

"와니 이 녀석, 구불구불 길도 아닌 곳으로 막 다니고 있어."

호야가 고개를 갸우뚱하며 걸었다. 와니를 가리키는 지점은 온통 관목과 풀로 빽빽하게 덮이고 사람의 흔적은 없는, 꼭 야생동물들이 다니는 길 같았다.

정글 속은 무척 습했다. 금세 유니폼 표면에 물방울이 촉촉하게 맺혔다. 물방울들은 소매를 따라 흘러내려서 소맷부리의 특수 주머니로 모이고 있었다. 특수 섬유는 방수 코팅이 되어 있어서 습기를 흡수하지 않았다. 그래서 안쪽은 늘 뽀송뽀송했다. 그러면서도 시원하고 가벼웠다.

와니는 몹시 처량한 생각이 들었다. 지금 이 모습만큼은 아무에게도, 훗날의 자기 자신에게도 보여 주고 싶지 않았다. 처음 나무늘보 옷을 입었을 때만 하더라도, 정말이지 장난이었다. 그런데 지금은 진짜 나무늘보처럼 나무에 매달려 있으니까

말이다. 늘보는 죽은 듯이 와니의 배에 매달려 있었다.

 방금 전, 함께 똥을 누면서 '똥 냄새가 향기로운 친구'와 제법 친해졌다고 생각한 건 와니 혼자만의 착각이었나보다. 녀석은 엄청난 똥을 누고는 휘적휘적 덤불을 헤치며 걸어갔다. 그런데 자세히 보니 귀여운 새끼가 어미 곁을 졸졸 따라다니고 있었다. 어미와는 다르게 줄무늬 털옷을 입은, 까까머리의 작은 새끼였다.

 "오, 너 좀 귀엽다? 한 마리, 두 마리, 세…."

 와니가 신기한 마음에 새끼들의 수를 세는 순간, 깜짝 놀랄 일이 펼쳐졌다. 덤불 속은 바글바글 녀석의 새끼들로 북적거리는 거였다. 그 순간,

"헉!"

'똥 냄새가 향기로운 친구'랑은 다르게, 훨씬 더 크고 사나운 녀석이 나타났다. 아마도 녀석들의 대장인 모양이었다. 녀석은 부리도 훨씬 뾰족하고, 덩치도 컸다. 험악한 표정으로 노려보는가 싶더니 성큼성큼 와니에게 다가오기 시작했다. 대체 내가 뭘 잘못했길래. 그 모습이 꼭 화가 잔뜩 난 레슬링 선수 같았다.

쿵쿵쿵….

그게 바로 와니가 이렇게 나무에 매달려 있게 된 사연이었다. 녀석에게 뒤통수를 쪼이기 직전, 위장복의 목덜미 한 움큼만 물어뜯긴 게 그나마 다행일까.

개미박사 연구팀이 개발한 옷에는 완벽한 위장 기능은 물론, 나무를 기어오르거나 쉽게 매달리는 기능도 있었다. 그래서 오랫동안 매달려 있는 데도 힘들지 않았다. 진짜 나무늘보가 된 그런 기분?

　"개미박사님, 감사합니다. 현대 기술을 발명하신 여러분, 복 받으세요."

　와니는 네발로 나무를 꼭 껴안은 채 중얼거렸다. 위장복의 특수 기능이 없었더라면 결코 이 높이까지는 오르지 못했을 거였다. 성질 나쁜 우두머리 녀석은 와니가 매달린 나무 주위를 아직도 뱅글뱅글 돌고 있었다.

　그때 물어뜯긴 위장복 솔기에서 무언가 작고 동그란 게 땅으로 떨어졌다.

　툭.

　하필이면 아직도 화가 가라앉지 않은 녀석의 머리를 톡 때렸다. 잔뜩 멋을 부리느라 스프레이 한 통을 다 써서 정성스럽게 세운 듯한 녀석의 볏 위로.

　"고로로로로로로록!!"

녀석은 무서운 표정으로 주위를 두리번거렸다. 마치 범인을 찾으려는 것 같았다. 조약돌 크기의 작고 동그란 기계에서는 빨간 불이 깜빡거렸다. 그건 바로 위치 추적 장치였다!

"고로로로록! 꿀꺽! 쩝."

그게 무엇이었든 간에 녀석은 기다렸다는 듯 통째로 꿀꺽 삼켰다.

"다 먹었으면 제발 그만 좀 가 줄래?"

와니가 떨리는 목소리로 부탁했다.

가만히 녀석을 지켜보니 왜 그렇게 많은 똥을 누는지 알 것 같았다. 녀석은 먹는 양이 엄청났다. 먹고, 먹고, 또 먹고, 깨어 있는 시간엔 온통 먹이를 찾아다니는 모양이었다. 눈에 보이는 열매나 버섯, 여린 잎사귀를 닥치는 대로 쪼고, 뜯고, 삼켰다. 단단한 열매도, 커다란 열매도 씹지 않고 통째로 꿀꺽. 그리고는 얼마 후엔 뿌지직, 푸식, 뿡. 정말 열심히 먹는 만큼, 열심히 똥을 만드는 그런 친구였다.

"여기가 너희 패밀리 레스토랑이냐?"

하필이면 와니가 매달려 있는 나무 근처에 열매와 버섯이 잔뜩 있는 모양이었다. 녀석들은 한참 먹이를 찾아 먹었다. 그리고는 또 뿌지직, 뿍, 뿡. 다시 찹찹찹찹, 꿀꺽!

꼬르르르륵.

때마침 와니의 배꼽시계도 울려댔다. 매달려 잠만 자는 늘보도 걱정이었다. 오늘 녀석도 아무것도 못 먹었는데. 인간은 음식 없이 며칠은 살 수 있지만, 아기 나무늘보는 어떤지 알 수 없었다. 가만히 나무에 매달려 있자니 생각에 생각이 꼬리를 물었다. 왜 내 옷에만 주머니가 없었을까. 아까 아이들이 저녁이라며 나눠 줬던 주먹밥 생각이 간절했다. 장난에 정신이 팔려 와니만 도시락을 챙기지 못했다.

결국 와니 주변에 완전한 어둠이 내리기 시작했다. 달이 높이 떠올랐다.

"이 시간에 이렇게 나무에 매달려 있는 아이는 지구에 나 하나뿐일 거야. 그래, 이 얼마나 특별한 경험이냐. 훌쩍, 나중에 분명히 추억이 될 거야."

와니는 무엇이든 좋은 면을 생각하자고 자신을 다독였다.

나무에 매달려 또 좋은 점이 뭘까 생각해 보니, 땅을 걸어 다닐 때는 보지 못했던 새로운 세상이 보인다는 점이었다.

"아무튼 나무 위에서 산다는 건 이런 느낌이겠구나."

저 아래 분주히 땅을 기어다니며 복닥복닥 살아가는 동물들이 까마득하게 느껴졌다.

부르르르르르르, 쏴아아아아아아.

바람이 불 때마다 나무들이 흔들리며 내는 소리에 귀를 기울였다. 한참을 듣고 있자니 바람 소리 속에 섞인 다양한 소리를 구별할 수 있었다.

휘리릭, 쉭. 부스럭, 쉭.

이건 나무들이 내는 소리가 아니라 짐승들의 소리였다. 식물이 아니라, 동물. 땅에 가만히 뿌리박혀 있는 게 아니라 움직이는 존재들. 밤에 깨어나 조심스럽게 활동을 시작하는, 야행성 동물 특유의 조심스러우면서도 은밀한 소리들.

"소리에도 식물성, 동물성이 있구나."

정글의 밤은 굉장히 쓸쓸하고 무서울 것 같았는데, 시간이 지날수록 익숙해지는 기분이 들었다. 나무의 일부가 되어 가는 듯한 그런 느낌? 내가 나무인가 나무가 나인가. 이렇게 매달려 있는 기분도 그럭저럭 좋구나. 나무늘보로 사는 것도 괜찮구나. 생각하던 그 순간,

쉬이이이이이잉, 휘리릭, 촤르륵, 착.

무언가 축축한 공기를 가르며 하늘을 날아오고 있었다. 채찍이 공기를 가르는 소리와 비슷했다. 그리고는 날렵하게 나뭇가지에 내려앉았다.

다윈DB

파라다이스 나무뱀

Chrysopelea paradisi

- 분류 : 동물계, 척삭동물문, 파충류강, 뱀목
- 서식지 : 동남아시아 열대우림
- 먹이 : 파충류, 조류 등
- 높은 나뭇가지에서 몸을 던지거나 반동을 이용해서 날아다님.

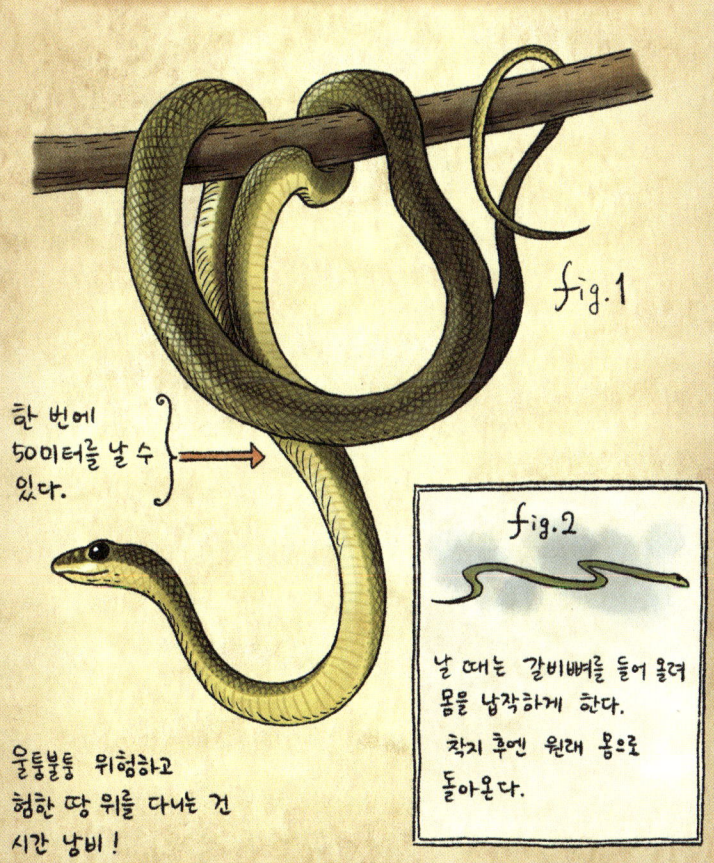

fig.1

한 번에 50미터를 날 수 있다.

fig.2

날 때는 갈비뼈를 들어 올려 몸을 납작하게 한다. 착지 후엔 원래 몸으로 돌아온다.

울퉁불퉁 위험하고 험한 땅 위를 다니는 건 시간 낭비!

Charles Darwin

"이.건. 또. 뭘.까…."

와니의 생각이 느려진 만큼이나 말도, 행동도 느려졌다.

눈이 부시게 화려한 연두빛 비늘의 뱀이 나뭇가지에 걸려 있었다. 흠, 그렇군. 그런데 뭐? 와니가 매달린 나무의 바로 옆, 불과 1미터도 떨어지지 않은 곳에 '날아다니는 뱀' 녀석이 똬리를 튼 채 앉아 있는 거다!

'뱀이 어떻게 날아다녀?'

와니의 생각이 거기에 미친 순간 또다시 휘리릭, 휙! 뱀은 다른 나뭇가지를 향해 몸을 날렸다.

'나무에 붙어 있는 내가 할 말은 아니지만, 정말 별꼴을 다 보는구나.'

어두운 하늘을 가르며 까마득히 뱀이 멀어졌다. 야밤에 하늘을 날아다니는 뱀이라니. 와니가 마치 나무늘보처럼 너무나 가만히 매달려 있었던 탓에 모처럼 밤 사냥에 나선 파라다이스 나무뱀 녀석도 와니와 늘보를 발견하지 못했다.

"와니가 점점 멀어져. 이러다간 비글호로 가는 길도 놓치겠어."

호야가 와니의 위치를 들여다보며 걱정스럽게 말했다.

"설마 무슨 일이 있는 건 아니겠지?"

"지금이라도 비글호로 돌아갈까?"

해가 진 뒤의 숲속은 정말이지 칠흑같이 캄캄했다. 다윈박사님이 보여 주는 지도도 소용이 없었다. 아예 비글호가 있던 위치를 찾을 수가 없었으니까. 사방이 온통 똑같은 풍경이었다. 몇 번이나 빙글빙글 같은 자리를 돌고 있는 것만 같았다. 풀, 나무, 덩굴, 줄기, 진흙, 풀, 나무, 덩굴, 줄기, 진흙….

"어라? 사탕이 안 보여…."

숲속에서 방향을 잃을 경우를 대비해 두었던 아라의 '헨젤과 그레텔 작전'은 완전히 실패였다. 정말이지 동화랑 결말까지 똑같았다. 동화에서처럼 포도당 사탕도 감쪽같이 사라져 보이지 않았으니까.

"하나도 안 보여. 포도당 사탕이 모두 사라졌어."

아라가 울상이 되어 중얼거렸다.

"아무래도 숲에서 밤을 보내야 할 듯하구나."

"우린 아무것도 없어요. 집도, 이불도, 모기약도…."

미리는 거의 울먹이는 목소리였다.

"일단 적당한 곳을 찾아보자. 평평하고, 안전한 곳."

아이들은 거대한 나무뿌리가 버팀목처럼 돋아 있는 평평한 땅을 찾았다. 곁뿌리와 버팀뿌리 사이에 아이들이 들어가 쉴 수 있을 만큼 거대한 케이폭나무였다. 쉼터로 안성맞춤인 그 나무를 찾은 건 순전히 강치와 제비 덕분이었다.

쿵쿵쿵쿵….

뿌리 위에 엄청나게 커다란 빨간 꽃이 피어 있었기 때문이다.

"맙소사, 라플레시아를 직접 보게 되다니! 자, 와서들 보거라. 세상에서 제일 큰 꽃이다."

다윈박사님이 호들갑을 떨며 외쳤다.

"이게 꽃이에요? 무슨 버섯이나 플라스틱 쓰레기인 줄 알았어요."

"꽃잎이 플라스틱처럼 딱딱해요."

"브로치처럼 그냥 나무에 붙어 있네?"

미리가 습관적으로 눈을 감고 꽃에 코를 갖다 댄 순간,

"절대 냄새는 맡으면 안돼!"

다윈박사님이 급하게 외쳤다. 미리는 그대로 코를 쥐고 옆으로 쓰러졌다.

"우웩! 진작 말씀해 주셨어야죠…."

"헤헤, 꽃에서 썩은 고기 냄새가 나거든."

다윈박사님의 경고에도, 미리가 토하려는 모습을 본 뒤에도, 아라와 호야는 서로 의미심장하게 쳐다보았다. 둘은 한참을 고민했다. 정말 꽃에서 썩은 냄새가 난단 말야? 무슨 썩은 냄새? 정말, 정말? 정말로? 결국 호기심이 이겼다.

"우웩, 우웩! 부그르르르…."

다윈DB

라플레시아

Rafflesia

- 분류 : 식물계, 속씨식물문, 쌍떡잎식물강, 말피기목
- 서식지 : 동남아시아 열대우림
- 다른 식물의 뿌리나 줄기에 붙어 사는 기생식물이라 식물인데도 광합성을 하지 않음.

세상에서 제일 큰 꽃.
줄기도 뿌리도 없이 꽃만 덜렁 핀다.

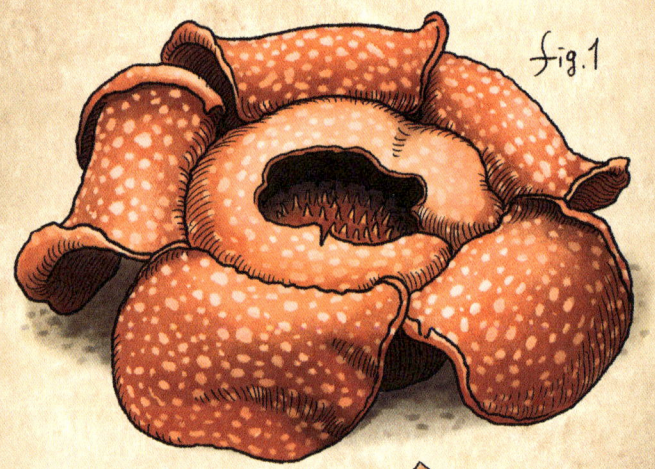

fig.1

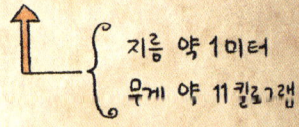

지름 약 1미터
무게 약 11킬로그램

fig.2 당연히 꽃봉오리도 크기가 상당하다.

썩은 고기 냄새로 파리를
꾀어내 수분을 한다.

Charles Darwin

야생의 정글이 어둠에 잠겼다. 완전한 어둠이 깔리면 그야말로 까막눈이 될 줄 알았는데, 탐조등의 희미한 불빛 하나에 오히려 눈이 더 밝아진 기분이 들었다. 돌과 나무와 잎사귀의 윤곽이 어둠 속에서 또렷하게 보였다. 바람에 움직이는 이파리들의 소리는 귀를 자극했다. 온갖 벌레와 새, 작은 짐승들의 울음소리로 정글의 밤은 오히려 시끄러울 지경이었다.

"자연의 음악은 밤에도 쉬지를 않는구나."

"밤에 정글은 더 북적이나 봐."

아라와 미리는 어둠 속에서 조용히 귀를 기울였다.

"아라야, 네 헨젤과 그레텔 작전을 망친 범인을 찾았어."

호야가 조용히 손을 들어 한곳을 가리켰다.

"아무것도 안 보이는데?"

"조금만 있어 봐. 범인들이 보일 거야."

미리와 아라는 시키는 대로 한참 동안 어둠 속을 가만히 응시했다. 정말 시간이 지나자 무언가 불규칙한 움직임이 느껴졌다. 아이들은 눈이 아니라 모든 감각으로 보고 있었다. 꼭 피부에도 눈이 달린 것 같았다. 문득 작은 돌멩이들이 어둠 속에서 반짝거렸다.

"개미야!"

엄청난 개미의 행렬이 끝없이 이어지고 있었다. 개미들은 무언가에 흥분한 듯 바쁘게 어디론가 이동 중이었다. 하나씩 반짝이는 작은 보석 알갱이들을 물고서.

"내 사탕!"

개미들이 조각조각 운반하고 있던 보석들은 바로 아라가 뿌려 두었던 포도당 사탕 조각들이었다.

"오늘이 개미들 잔칫날이구나."

호야가 어이없다는 듯 말했다. 개미 도둑이라니 어처구니가 없기도 하고, 새삼 감탄스럽기도 했다. 어둠 속에서 신비롭게 반짝이는 사탕 조각들의 행렬이 마치 촛불을 든 순례자들 같았다.

"얄밉긴 하지만, 정말 쉬지 않고 일만 해."

아라는 개미들에 감동해서 금방 용서하기로 했다.

아이들은 라플레시아 꽃에서 멀찍이 떨어진 곳에 자리를 잡았다. 비글호에서 가져온 청정수는 정글을 헤매는 동안 다 마셔 버렸다. 주머니에 있는 주먹밥을 아껴 두느니 일단 먹기로 했다. 더는 배가 고파 견딜 수가 없었다.

"일단 먹고 나서 생각하자. 너무 배가 고파."

호야가 먼저 내질렀다.

"난 이미 녹여 먹는 중. 최대한 오래 먹을 거야."

아라는 행복한지 콧노래를 흥얼거렸다.

"와니랑 늘보는 괜찮은지 모르겠다."

미리는 와니와 늘보가 걱정이었다. 모여 앉아 주먹밥을 나눠 먹는 아이들 사이로, 그윽한 눈망울을 한 강치와 제비가 슬금슬금 파고들었다. 말은 필요 없었다. 그저 녀석들의 눈망울과 뚝뚝 떨어지는 침방울만으로도 충분했다.

"어우, 알았어. 줄게."

아이들은 강치와 제비의 간절한 마음을 저버리지 못했다. 결국 자기 몫의 조각들을 떼어내 개들에게 주었다.

참참참참…. 녀석들은 기쁨과 행복에 세차게 꼬리를 흔들며 열렬히 받아먹었다.

달이 높이 떠올랐다. 나무에 가려진 달을 보려면 목을 위로 쭉 빼야만 했다.

다윈박사님은 '감시 모드'를 작동 중이었다. 다가오는 미지의 물체를 감지해서 위협을 예방하는 기능이었다. 게다가 강치와 제비가 있었기에 정글에서 밤을 보내는 게 무섭지만은 않았다.

"강치, 제비. 그렇게 경계 안 해도 돼. 너희들도 자야지."

미리가 부드럽게 말했다. 오늘 하루 길잡이 노릇을 했던 강아지들도 몹시 피곤할 것이었다. 그러나 녀석들은 결코 잠들지 않았다. 눈은 반쯤 감고 있었지만, 귀는 쫑긋, 몸은 긴장. 언제라도 빠르게 달려 나갈 수 있게 경계 태세였다.

"누가 시킨 적도 없는데 우리를 지키는 중이야."

"고작 주먹밥 몇 조각에 저렇게 성실한 보초라면 괜찮은 거래 아냐?"

"강치랑 제비가 밥값을 제대로 하네…."

아이들의 눈꺼풀이 점점 무거워졌다. 바람 속에 자연의 소리도 쉬지 않았다. 어둠 속의 짐승들도 열심히 먹이를 찾아다녔다. 사탕 도둑들의 부지런한 움직임도 쉬지 않았다.

5.
얼룩 개구리 삼총사

　마침 똥 냄새가 향기로운 친구들도 어디로 사라지고 없었다. 와니는 조심조심 땅으로 내려왔다. 아침이 밝았다는 걸 알려주는 건 온갖 종류의 새들이었다. 여린 소리, 굵은 소리, 높은 소리, 묵직한 소리, 짧은 소리, 긴 소리, 클래식부터 탱고까지 다양한 울음소리가 하나의 교향곡이 되어 울려 퍼졌다. 그나저나 아무것도 먹지 못한 늘보가 걱정이었다. 와니는 늘보의 생체 기록 목걸이를 체크했다.

　놀라웠다. 와니는 배고프고 목마르고 지쳤지만, 늘보는 아무 문제가 없었다!

해맑

어제 하루 섭취량 : 나뭇잎 2장, 16칼로리
어제 하루 활동량 : 10칼로리
어제 하루 총 이동 거리 : 0.5미터
신체 기록 특이 사항 : 약간의 수분 섭취 필요
그 외 이상 없음.
신체 상태 : 건강 상태 양호

"와, 이 녀석! 너 정말 대단하구나?"

적게 먹고, 적게 움직이고, 천천히 생각하고, 가만히 기다리기. 그게 늘보가 살아가는 방식이었다.

호로록, 쭙.

늘보는 느릿느릿 커다란 부채 모양 잎사귀 하나를 제 앞으로 끌어당겼다. 그리고는 잎사귀에 맺힌 물방울들을 쭉 빨아 먹는 것이었다. 늘보가 이번에는 여린 잎사귀를 향해 손을 뻗었다. 와니가 따 주자, 늘보는 우물우물 입에 넣고 씹기 시작했다. 아침식사였다.

"오, 알려 줘서 고맙다, 늘보야."

와니도 늘보를 따라서 잎사귀의 물방울들을 빨아 먹었다. 잎사귀를 살짝 당기면, 밤새 잎자루에 고여 있던 물이 조르륵 흘러나왔다. 몇 개의 잎사귀를 훑고 났을 뿐인데 신기하게 갈증이 사라졌다. 평소엔 땀이 나게 뛰어놀다가, 우당탕탕 집으로 뛰어 들어와서, 냉장고 문을 휙 열고, 시원한 에어컨 앞에 서서, 벌컥벌컥 차가운 물을 몇 잔이나 마셔대던 와니였다.

 호르륵, 호르륵, 쭙.

 새벽의 정글은 정말이지 축축했다. 잔뜩 이슬을 맞은 와니의 몸에서 습기를 머금은 열기가 피어올랐다. 지금 엉거주춤 늘보를 안은 채 천천히 잎사귀를 빨아 먹는 와니의 모습은 정말이지 나무늘보 그 자체였다.

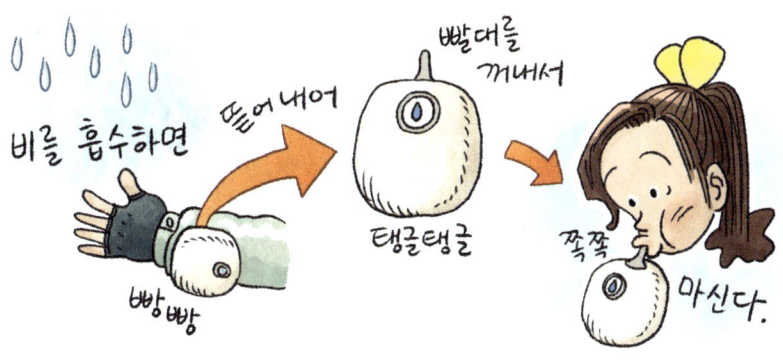

"이걸 좀 봐. 소매에 물주머니가 생겼어!"

아라가 소리쳤다. 정말이었다. 아이들의 유니폼에는 놀라운 기능이 숨겨져 있었다. 특수 가공된 섬유가 표면의 습기를 물방울로 만들면, 소맷부리와 바짓단으로 정수된 물이 모이는 방식이었다. 아이들은 그저 정글에서 잠을 자고 일어났을 뿐인데, 각각의 소맷부리와 바짓단에 4개의 물주머니가 생겼다.

호야는 소맷부리의 물주머니 하나를 뜯어 쭉쭉 빨아 먹었다. 단추 모양의 버튼에 파란색 물방울 그림이 나타났다. 정수 필터링이 완료되었다는 표시인 것 같았다.

"이 단추에 이런 기능이 숨어 있었구나."

밤새 보초를 선 강치와 제비도 목이 말랐는지 쿵쿵거리며 물을 찾았다. 그리고는 물 주전자를 닮은 기다란 꽃을 입에 물고 잡아당겼다.

찹찹찹찹….

녀석들이 잡아당긴 꽃주머니에서는 수상한 액체가 주르르 흘러나왔다. 강치와 제비는 잠시 코를 박고 킁킁대더니 꼬리를 흔들며 맛있게 핥아 먹었다. 뭐가 들었나 가만히 살펴봤더니,

"으악, 녹다 만 딱정벌레랑 꿀벌들 시체가 잔뜩 들었어!"

"강치야, 제비야! 아무거나 마시면 어떡해?"

"오, 강아지들이 벌레잡이통풀을 찾았구나."

"으아아악!"

아라가 또 다른 벌레잡이통풀을 건드리자, 이번엔 작은 박쥐가 날아올랐다.

"안에다 똥을 싸고 도망갔어!"

똥이건 벌레건 상관하지 않고 맛있게 핥아 먹는 강치와 제비가 놀라울 뿐이었다. 사실 똥에 있는 질소 성분은 귀중한 영양분이다.

여전히 배는 고팠지만, 갈증을 해결했으니 이제 다시 길을 찾아야 할 시간이다.

"우와, 나 좀 봐!"

다윈DB

벌레잡이통풀

Nepenthes

- 분류 : 식물계, 속씨식물문, 쌍떡잎식물강, 석죽목
- 서식지 : 동남아시아, 인도, 호주 등 열대우림
- 종류가 다양하며, 벌레가 아니라 동물 배설물이나 낙엽 등을 분해해서 살아가는 종류도 있음.

기다란 포충낭을 가진 덩굴식물이자 식충식물.

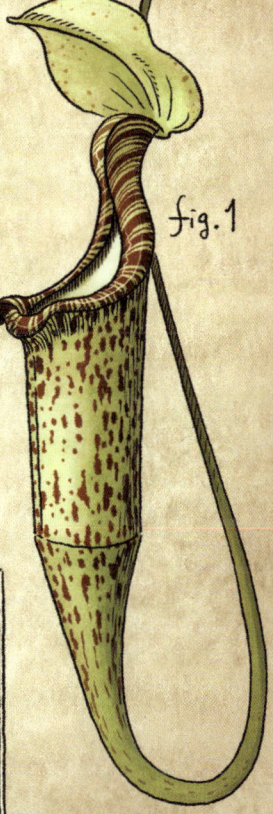

fig.1

박쥐와 아름다운 공생을 한다. 박쥐는 안전하게 잠잘 곳을 얻고 숙박비로 똥을 누고 날아간다. 똥은 벌레잡이통풀의 소중한 영양분이 된다.

fig.2

포충낭 입구에 있는 꿀샘으로 벌레들을 유인. 덫에 빠지면 소화액으로 녹여 영양분을 흡수한다.

Charles Darwin

그때였다. 아라가 가슴 중앙에 달린 단추 모양 버튼을 누르자, 갑자기 옷 색깔이 변했다.

"너 1킬로미터 밖에서도 눈에 띌 것 같은데?"

미리는 킬킬대며 웃었다. 주황 바탕에 검은 점들이 콕콕 박힌, 꼭 아마존의 독화살개구리 같은 색깔이었다. 버튼에는 알록달록 개구리 모양의 불이 켜졌다.

"'경계색 모드'야. 일부러 눈에 띄게 만드는 거지."

"그럼 이건 어때?"

아라가 다시 버튼을 누르자, 이번에는 점선으로 그려진 초록색 개구리 불이 켜졌다. 동시에 아라의 유니폼도 완벽한 위장복으로 바뀌었다. 정글과 똑같은 초록빛으로 바뀌자, 순간적으로 아라의 얼굴만 정글에 둥둥 떠다니는 것처럼 보였다.

"하하, 너 진짜 감쪽같아. 옆에 있어도 못 찾겠어."

"그럼, 이건 '위장색 모드'인가?"

"몸을 숨겨야 할 때 쓰는 건가 봐. 그럼 경계색 모드는?"

"그야, 눈에 잘 띄니까…."

"구조를 기다릴 때 쓰는 거 아닐까?"

아이들은 이 사실을 추리해 내고 뛸 듯이 기뻤다. 유니폼의 또 다른 기능은 차차 알아 가기로 하고, 일단은 경계색, 즉 구조를 위한 색깔로 유니폼을 바꾸기로 했다. 미리와 호야도 버튼을 눌렀다.

"우헤헤, 나 좀 봐라."

"우리 진짜 멋진 삼총사 같다. 얼룩 개구리 삼총사!"

호야와 미리, 아라의 유니폼은 각각 노랗고 파랗고 빨간 경계색으로 변신했다.

"좋아, 개미박사에게 구조 신호도 보내 놓으마."

다윈박사님은 구조 신호를 보내기 시작했다.

"우린 계속 와니의 행방을 추적해야 해요."

"비글호 선원은 끝까지 서로를 포기하지 않는다고요!"

"와니, 이 녀석! 만나기만 해 봐라. 똥 싸러 가서 감감무소식이라니….".

굴개굴개굴개굴….

지독히도 말 안 듣는, 그러나 무지하게 귀여운 얼룩 개구리 삼총사는 힘든 것도 잊고 다시 덤불숲을 헤매기 시작했다.

"어? 와니 녀석, 한참 돌아다니더니 이젠 멈췄어요."

스마트워치를 들여다보던 호야가 소리쳤다.

"여기서 멀지 않네. 겨우 20미터잖아."

"달리자!"

용감한 얼룩 개구리 삼총사는 기쁜 맘으로 달리기 시작했다.

"와니야!!!!"

10미터…, 5미터…, 2미터, 1미터…!

드디어 친구와의 감격적인 상봉의 순간,

철푸덕!

"와니야…, 으악!"

아라는 기쁜 마음에 전속력으로 점프했다. 와락, 홀로 헤어져 고생한 와니를 안아 줄 생각이었다. 그런데,

"우웨에에엑! 이게 뭐야?"

빨간 점이 가리킨 곳, 그곳엔 거대한 똥 무더기뿐이었다.

"와니 대신 똥이야?"

미리가 기가 막히다는 듯 중얼거렸다.

"흐어어어어엉, 나 좀 일으켜 줘…."

아라는 똥 무더기 위로 엎어진 채 버둥거렸다.

"흠, 과일이랑 씨앗만 잔뜩. 냄새는 안 나네. 깜빡거리는 이건 또 뭐지?"

호야가 신중하게 나뭇가지로 똥 무더기를 뒤적거렸다.

아이들은 똥 속에서 깜빡이는 작은 기계의 정체가 와니의 위치 추적기인 것을 깨달았다.

쿵, 쿵, 쿵, 쿵…!

그때 지축을 흔들며 무언가 가까이 다가오는 느낌이 들었다.

"자, 애들아, 흥분하지 말고 천천히 뒤로 물러나자…. 절대, 절대, 절대로 뒤돌아보지마…!"

다윈박사님이 침을 꼴깍 삼키며 말했다.

"네? 뭐라구요? 왜요?"

얼룩 개구리 삼총사는 똥을 뒤적이다 말고 천진난만하게 뒤를 돌아봤다.

컹, 컹, 컹!

만나면 누구에게든 꼬리를 흔들며 반기는 강치와 제비마저 사납게 짖어댔다. 저 덜렁거리는 빨간 넥타이는 뭐지? 타조? 어머나, 새가 막 달려오네?

"으아아아아악!!"

아이들은 똥을 뒤지다 말고 다 같이 전속력으로 도망쳤다.

"뛰지 마! 천천히, 뒷걸음질로! 왼쪽으로! 다시 오른쪽!"

다윈박사님이 공간을 투시하며 재빠르게 길을 안내했다.

녀석은 갑자기 다가오기를 그만두고, 그대로 멈춰서 아이들을 노려보기만 했다. 마치 이 괴상한 불청객들을 빠져나올 수 없는 궁지에 몰아넣었다고 확신하는 것 같았다.

"이게 뭐야?"

"뱀 나오게 생겼다."

"한번 빠지면 죽음인데?"

아이들 앞에 온갖 나무검불과 정체불명의 진흙이 뒤섞인 거대한 늪지가 펼쳐져 있었다. 거대한 뿌리를 드러낸 채 늪지에 몸을 박고 자란 특이한 나무들과 반쯤 잠긴 썩은 통나무들이 보였지만, 그걸 밟고 건널 수 있을 거라는 생각은 전혀 들지 않았다.

"뱀이 아니라, 맘모스 화석이 있을 것 같은 분위기인데?"

꿀렁꿀렁, 질퍽질퍽, 끈적끈적….

"저 덩굴줄기는 과연 튼튼할까?"

"꺅꺅끼끼…."

늪지 위로는 치렁치렁 이끼와 고사리, 착생식물로 뒤덮인 덩굴 가지들이 늘어져 있었다. 어디선가 얄미운 원숭이 가족이 우르르 몰려왔다. 녀석들은 덩굴줄기를 타고 묘기를 부리듯이 늪을 건너다녔다.

한쪽에는 눈을 부라리며 다가오는 화식조가, 다른 쪽에는 원

숭이 가족이 이 흥미진진한 상황을 지켜보는 중이었다. 모두 다 정글의 무료 관람객들이었다. 당연히 극장을 책임질 배우들은 호야, 미리, 아라였다.

'저 얼룩 개구리들, 빠질까? 안 빠질까? 궁금해 죽겠네.'

원숭이들은 아예 적당한 곳에 자리를 잡았다. 나무 열매를 팝콘처럼 씹어 먹으며 어서 손에 땀을 쥐는 인간 극장이 열리기를 기대하는 눈치였다.

하는 수 없이 미리는 제비를, 호야는 강치를 배에 집어넣고 지퍼를 올렸다. 용감한 아라가 제일 먼저 덩굴줄기에 매달리는

114

시범을 보였다.

"도장에서 배운 걸 이렇게 써먹네. 자, 겁내지들 말라고. 하나씩 하나씩 눈앞의 줄기에만 집중해. 그렇게 집중하다 보면, 어느새 다 건너가 있을 거야. 무서우면 '얍!'하고 기합을 넣어 봐."

"이…압~."

미리와 호야는 아라를 따라 했다. 그러나 기합 소리에는 영 힘이 없었다. 다들 덩굴줄기를 붙들고 매달렸다. 강치와 호야 팀이 문제였다. 강치가 생각보다 무지하게 무거웠기 때문이다. 매달린 덩굴줄기가 슬금슬금 늪에 빠질랑 말랑 늘어지기 시작했다.

부드드드드득…!

엎친 데 덮친 격으로 호야의 유니폼 지퍼가 주르륵 흘러내렸다. 그 탓에 강치의 몸통이 절반쯤 밖으로 쏟아졌다.

"으아아아아아아악!"

"낑낑끼이이잉!"

"우호호호호!"

원숭이들도 소리를 질렀다. 이제는 꼼짝없이 늪에 빠지는가 싶은 그때, 멀리서 기이한 함성이 들려왔다. 나무 사이로 온갖 새들이 화려하게 날아올랐다.

"아아아아아아아아아아~!"

그리고는 날쌔게 덩굴줄기 사이를 점프하며 가로질러 재빠르게 늪을 건너는 인간 원숭이가 있었으니, 그건 바로 정글의 왕, 타잔이 아니라…,

"개미박사님!"

개미박사님이 멋들어지게 덩굴 사이를 점프하며 아이들 앞에 나타난 것이다.

두두두두두두….

머리 위에서 힘찬 프로펠러 소리와 함께 기다란 줄사다리가 내려왔다. 나무 그늘 너머 저 하늘 위에서 도토리 탐사선이 날고 있을 거였다.

개미박사님이 제일 먼저 줄사다리로 점프했다.

도토리 탐사선의 계기판에는 딸깍, 숫자와 함께 불이 켜졌다.

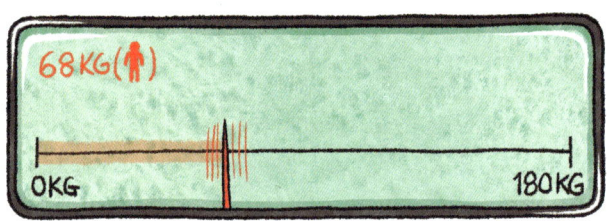

"자, 내 손을 잡으렴."

개미박사님이 아라의 손을 단단히 붙잡았다. 아라는 무사히 사다리로 올라탔다.

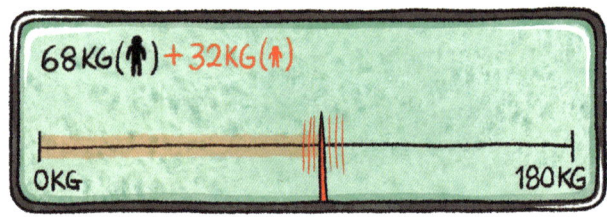

다음은 미리와 제비 차례. 무사히 사다리로 올려 태웠다.

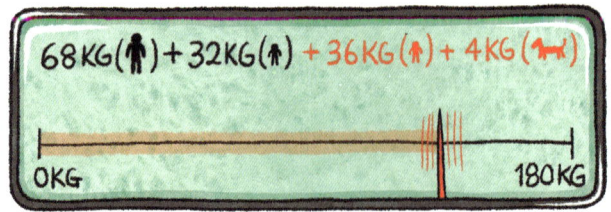

계기판 그림창도 복잡해졌다. 아직까지 탐사선은 잘 버티고 있었다.

"박사님, 강치가 빠지겠어요!"

박사가 마지막으로 호야를 붙들어 태운 순간,

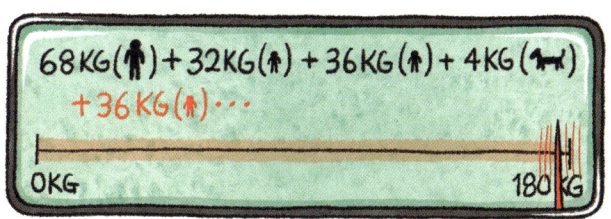

부두두두두…!

저 위에선 도토리 탐사선이 용을 쓰며 힘겹게 버티는 소리가 들렸다.

그때, 호야의 유니폼이 북 찢어지며 강치가 늪으로 떨어지고 말았다!

"강치야!"

놀라운 순발력으로 몸을 날려 강치를 붙잡은 건 역시 개미박사님이었다.

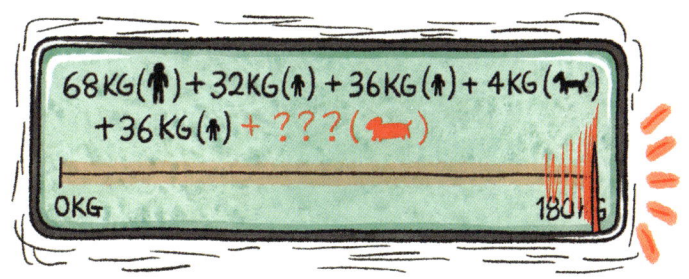

박사님이 강치의 허리를 낚아챈 채 거꾸로 매달렸다. 동시에 탐사선의 계기판도 미친 듯이 깜빡거렸다.

부드드드드드드….

도토리 탐사선이 더는 버티지 못하고 휘청이더니, 제자리에서 빙글빙글 맴돌기 시작했다. 개미박사님이 도토리 탐사선은 180킬로그램까지 버틸 수 있다고 했었다. 탐사선은 술에 취한

사람처럼 휘청거리며 늪 위를 마구 날아다녔다.

"으아아아아악~!"

"우호호호호호!"

원숭이들도 손에 땀을 쥐며 소리를 질렀다. 탐사선이 휘청이며 비틀거릴 때마다 아이들은 비명을 질러댔다. 도토리 탐사선은 자동 조종 기능을 상실하고 제멋대로 춤을 추고 있었다!

기다란 줄사다리에는 차례로 아라와 미리, 제비, 호야, 그리고 개미박사님과 강치까지 줄줄이 매달려 있었다. 그러나 이 귀여운 도토리 탐사선에게 그 이상은 무리였다.

마침내 가련한 새우튀김들이 달콤한 소스에 푹 빠지듯이,

꿀렁, 꿀렁, 철퍽! 철퍽!

끔찍했다. 탐사선이 중심을 잃고 꿀렁일 때마다 아이들은 늪에 푹 담가졌다.

"으허허허허헙! 허푸!"

'뭐, 공식적으로는 180킬로그램까지라고 설정해 놓고, 10킬로그램쯤 더 여유를 두자. 나중에 어떤 일이 벌어질지 모르잖아'라고 생각했던 도토리 탐사선 제작 엔지니어가 있었던 것이 그나마 다행이었다.

탐사선이 힘을 쥐어 짜내서 다시 솟아오르면, 모두들 늪에서 줄줄이 딸려 나왔다. 다시 잠겼다가, 나왔다가, 또 잠겼다, 나왔다…. 마치 노련한 주방장이 마시멜로를 달콤한 초콜릿 소스에 푹 담갔다가 뺐다가를 되풀이하는 모습 같았다. 소스가 묻지 않은 곳은 단 한 군데도 없게 하려는 세심한 터치 말이다.

"허푸, 허푸, 헙!"

"우호호호호!"

원숭이들은 눈앞에서 펼쳐진 이 진귀한 인간 극장에 감동의 기립 박수를 보냈다.

"고로로로로로로로록!"

화식조 녀석들은 어느새 새끼들까지 모두 불러 모았다. 이 좋은 구경을 놓칠 수 없으니까 말이다.

짝짝짝! 이 광경을 본 정글의 모든 동물이 기립 박수를 쳤다.

6.
은혜 갚은 까치

 와니는 느릿느릿 덤불숲을 기어다녔다. 위장복의 털에는 그 새 푸르스름한 이끼까지 피어서, 정말이지 와니와 늘보는 정글에서 한 백 년쯤 살아온 전설의 동물 같았다.

 "지금 우리를 구경하는 거야?"

 깩깩거리는 시끄러운 울음소리가 들려서 쳐다보니, 나무 위에 원숭이 무리가 모여 있었다. 저희들끼리 끽끽대며 저 괴상한 짐승의 정체가 무엇인지를 두고 토론 중인 듯했다.

 "왜 녀석들이 비웃는 것 같은 기분이 들지?"

 원숭이들은 나무에 열린 열매를 따 먹었다. 와그작와그작,

정말 맛있게도 먹는다. 그 모습을 보니 와니도 배가 고팠다. 정글에 가면 망고, 코코넛, 바나나 같은 열매가 주렁주렁 열려 있을 줄 알았는데. 생각과는 달리 정글에는 먹을 수 있는 게 전혀 없었다.

"원숭이가 먹을 수 있으면, 인간도 괜찮지 않을까? 개미박사님이 원숭이랑 인간은 제법 가까운 친척이라고 하셨잖아. 우린 친척이니까 식성도 비슷할 거야. 뭐, 최소한 독은 없겠지."

와니는 매우 합리적인 추론이라고 스스로 뿌듯해하면서 원숭이가 따 먹던 열매를 입에 넣고 씹었다. 우물우물우물….

"우웨에에엑, 퉤!"

정말이지 끔찍한 맛이었다. 오직 쓴맛과 신맛만 났다.

와니가 켁켁대며 괴로워하는데, 원숭이들이 갑자기 흥분해서 꺅꺅 날뛰었다.

"저 녀석들, 왜 저래?"

그때였다.

"까아아아앗! 깍! 깍!"

우렁찬 핀의 울음소리였다. 핀은 와니를 향해 전속력으로 날아오고 있었다. 두 날개를

활짝 편 채 미끄러지듯 낮게 비행하는 모습이 마치 숲을 가로지르는 검은 화살처럼 멋있었다! 내가 키운 까치지만 그놈 정말 잘생겼다.

"피이이이이인!"

와니는 반가움에 두 팔을 크게 벌렸다. 그러나 핀은 와니를 그대로 지나쳤다. 대신 무시무시한 속도로 날개를 접고 번개처럼 땅으로 내리꽂혔다. 그리고는 맹렬하게 낙엽 더미를 쪼아대는 것이었다.

풀썩! 쉬리리리릭, 슉.

무언가 기다란 게 낙엽 더미에서 튕기듯 솟아올랐다.

뱀이었다! 와니에게서 겨우 한 걸음 떨어진 곳에 무시무시한 독사가 똬리를 튼 채 열심히 경고 중이었던 것이었다.

'오지 마. 더 다가오면 난 널 물 수밖에 없다고!'

그제야 와니는 원숭이들이 왜 시끄럽게 꺅꺅댔는지, 핀이 왜 아는 척도 하지 않고 그대로 지나쳤는지 깨달았다.

와니는 돌처럼 몸이 굳어버렸다. 핀이 맹렬하게 쪼아대자, 독사는 낙엽 속으로 스르륵 사라져 버렸다.

"핀! 네가 바로 은혜 갚은 까치구나."

와니는 핀을 껴안고 엉엉 울었다. 비글호에 갇혀 있던 핀이 어떻게 탈출했는지는 모르겠다. 어쨌거나 핀의 몰골은 말이 아니었다. 탈출하느라 엄청 애를 썼는지, 머리는 까지고 부리에는 생채기가 있었다. 깃털도 엉망이고, 몸 전체에서 꾸릿꾸릿 수상한 냄새도 풍겼다. 그러나 이 정도는 대수롭지 않다는 듯 늠름한 표정만은 여전했다.

"비글호로 돌아가자."

와니는 천천히 왔던 길을 되돌아 걷기 시작했다. 핀은 생명의 은인이자, 숲의 길잡이였다. 깡충깡충 뛰어다니며 길을 안내하는, 좀 이상한 길잡

이긴 하지만 상관없다.

비글호 앞에 도착했다. 그제야 와니는 핀이 어떻게 탈출했는지 알게 되었다. 그 순간, 사랑 앞에 넘지 못할 것은 없다는 것을 깨달았다.

'내가 죽어갈 때 형이 나한테 애벌레를 씹어서 먹여 줬잖아.'

핀의 사랑 앞에 똥으로 가득 찬 탱크 따위는 아무것도 아니었다.

"넌 정말 대단한 녀석이야."

떨리는 와니의 목소리에는 핀에 대한 존경심마저 깃들어 있었다.

핀은 다시 똥 탱크 입구를 비집고 들어갔다. 무사히 비글호 안으로 들어간 핀이 수동식 개폐기 버튼을 부리로 꼭! 쪼았다.

천천히, 비글호의 문이 열렸다.

흙과 이끼와 검불투성이의 와니는 마침내 비글호 안으로 들어갈 수 있었다.

그 사이 시간이 꼭 백 년쯤 지나 버린 것 같았다. 비글호에는 마지막으로 친구들과 신나게 장난을 쳤던 흔적이 고스란히 남아 있었다. 복도엔 어지럽게 흩어져 있는 종이, 물, 박사님의

여러 노트와 장비, 아무렇게나 벗어 놓은 위장복, 포도당 사탕과 쓰레기들이 가득했다. 와니는 천천히 비글호의 전원 버튼을 눌렀다.

"비글호가 다시 운행을 시작합니다."

비글호 전체에 환하게 불이 들어왔다. 잠들어 있던 모든 기계들도 깨어났다. 모두가 다시 분주히 움직이기 시작했다.

훌쩍. 왜인지 모르지만, 눈물이 났다.

"비글호 자동 제어 프로그램을 계속 진행할까요?"

비글호 AI가 친절하게 물었다. 화면에는 커다란 두 개의 버튼이 나타났다.

계속 **멈춤**

훌쩍. 와니는 말없이 버튼을 눌렀다.

멈춤

그다음 천천히 나무늘보 위장복을 벗었다. 늘보를 애착 인형에게 데려다 눕혀 놓고, 복도에 떨어진 사탕을 하나씩 바구니에 담기 시작했다.

드르르르륵, 뿍! 톡톡.

무언가 어지러운 쓰레기 사이를 헤치며 굴러왔다. 녀석은 톡톡 와니의 등을 두드렸다. 주방장 로봇이었다. 주방장은 뱃속

서랍을 열더니 말없이 주먹밥을 건넸다.

"훌쩍, 고마워."

와니는 우물우물 주먹밥을 씹으며 비글호 청소를 시작했다.

도토리 탐사선은 힘을 쥐어 짜내서 괴상한 줄줄이 소시지 탐사대를 매단 채 늪지대를 벗어나긴 했다. 180킬로그램(더하기 10킬로그램)의 기적이라고나 할까? 아무도 보지 않는 곳에서 자신의 임무를 충실히 수행했던 비글호 엔지니어 아저씨 덕분이었다.

충직한 탐사선은 무사히 비글호 앞에 일행을 내려놓고는 그대로 퍼져 버렸다. 초콜릿에 담가진 퐁듀 같은 꼴로 정글의 숲을 날아왔다는 게 창피하긴 했지만, 아무도 본 사람이 없다는 게 그나마 다행이었다. 누군가 SNS에 찍어 올렸다고 생각하면 정말이지 끔찍하다.

"그래도 완전히 빠지지는 않았어. 그게 중요하지."

개미박사님이 의기양양하게 말했다. 진흙 귀신 꼴을 한 아이들은 말문이 막혀서 눈만 껌뻑일 뿐이었다.

"우리가 초콜릿 퐁듀냐고요!"

"줄줄이 소시지도 아니고!"

"차라리 빠졌으면, 한 번만 젖었을 거 아녜요!"

"대체 어디 가셨다가 이제 오신 거예요!"

"으허허어어어어어엉~!"

서럽고 배고프고 온몸은 끈적이고, 아이들은 누가 먼저랄 것도 없이 엉엉 울기 시작했다.

"짜잔! 이것 좀 봐라."

당황한 개미박사님은 비글호의 외부 덮개를 열고 버튼을 눌렀다. 갑작스러운 화제 전환은 알고 보니 개미박사님의 특기였다. 갑자기 비글호 꽁무니에서 샤워 꼭지처럼 시원한 물줄기가 쏟아져 내리는 거다!

쏴아아아아아아….

"으어어엉?"

아이들은 울다 말고 그대로 물줄기를 맞았다. 어, 이거 조금 시원한데? 그리고는 여러 개의 로봇팔이 나와서 아이들을 씻겨 주었다. 비글호 근처의 웅덩이에서 퍼 올린 물을 정수해서 시원한 물로 바꾼 것이었다.

"우헤헤헤헤!"

간지럽고 시원하고… 솔직히 재미있었다. 마지막 로봇팔이 나와서 아이들의 옷과 몸을 뽀송하게 말려 주고 나자, 무지하게 배가 고팠다.

"우리 이제 어떡하지…."

호야와 미리, 아라는 말없이 서로 눈짓을 교환했다.

비글호를 엉망으로 만들어 놓은 것도 생각났고. 휴, 탐사 일지는커녕, 숙제도 못했다. 절대 나가지 말라는 약속도 어겼고, 와니도 잃어버렸고, 비글호는 망가졌고…. 이제는 개미박사님께 혼날 일이 걱정이었다.

"어서들 와. 박사님, 다녀오셨어요?"

똥 누러 가서 감쪽같이 사라져 버렸던 와니가 먼저 돌아와 있었다! 와니는 구복이와 핀도 데리고 나와서 모두를 반갑게 맞아 주었다. 비글호는 반짝반짝, 동식물방도 무사하고, 늘보는 쿨쿨 자고 있고, 모든 게 그대로 제자리에 있었다.

영문을 몰라 얼이 빠진 아이들에게 개미박사님이 말했다.

"내가 저녁을 준비할 테니, 그동안 너희들은 숙제를 하면 어떨지? 정글에서 무슨 일이 있었는지, 어떤 동물들을 만났는지 나도 궁금해. 저녁을 먹고, 다 같이 얘기해 보자. 30분 뒤 식당으로 모이도록!"

개미박사님은 아이들이 비글호 밖으로 나간 것을 탓하지도 않고, 왜 와니 먼저 비글호에 와 있었는지에 대해서도 묻지 않았다. 오히려 아이들을 다시 만나서 진심으로 기뻐하시는 것 같았다. 주방장 로봇이 있는데, 왜 식사를 준비하신다고 하지?

놀랍게도 개미박사님이 직접 준비한 저녁 메뉴는….

"와, 이거 진짜 라면이에요?"

"이것도 똥물로 만들었어요?"

"스프는 분명히 야채 삼총사로 만들었겠죠?"

"몰래 벌레를 갈아 넣으신 건가요?"

그러나 그건 진짜 라면이었다! 벌레와 야채 삼총사는 없었다. 슈퍼에서 파는 라면, 꼬불꼬불 인스턴트 라면, 너무 많이 먹지 말라며 어른들이 늘 잔소리하는 라면, 학교 앞 분식집에서 친구들이랑 먹는 그런 라면, 힘껏 뛰어놀고 나서 아이들과 나눠 먹으면 꿀맛인 라면. 개미박사님이 끓여 주신 라면은 지금껏 먹어 본 라면 중에서 제일 맛있었다.

후루룩, 후루룩, 짭짭짭.

"사실 내 친구들 사이에서는 개미 연구보다 내가 끓인 라면 맛이 더 유명하단다. 어딜 가든 난 배낭에 라면 몇 봉지는 챙겨 두거든."

7.
모두 다 달라서 좋아

 기분 좋게 배가 불렀다. 이제는 쿨쿨 한숨 자고 싶었지만, 그동안 겪은 고생담을 박사님께 들려 주고 싶은 마음도 들었다.
 개미박사님이 다윈박사님을 호출하자 다윈박사님은 아이들이 정글에서 만난 동식물들의 데이터베이스를 척척척 꺼내서 띄우기 시작했다.
 제일 먼저 하루살이부터 화식조, 망둑어, 대왕자라, 파라다이스 나무뱀, 라플레시아, 벌레잡이통풀까지 정글에서 만난 동식물들의 다윈 DB들이었다.
 "너희들이 말썽을 부린 덕분에 정글에서 참 귀한 것들을 만

났구나."

"땅 위를 걷는 물고기, 하늘을 나는 뱀, 날지 못하는 새, 뿌리가 없는 꽃… 하나같이 좀 이상한 애들이에요."

"뭔가 하나씩 모자란 애들 같기도 하고."

"하나같이 지혜로운 생물들을 만난 것 같은데?"

"지혜롭다고요?"

"어떤 의미에서 하루살이는 공룡보다 강한 동물일 수 있지."

개미박사님은 자꾸 이상한 말만 하셨다. 하루살이가 공룡보다 강하다니 그건 좀….

"하루살이가 공룡보다 먼저 출현해서 공룡이 멸종한 지금까지 살아남았으니까 보기에 따라서는 공룡보다 강하다고 할 수도 있겠지."

"하루살이가 그렇게나 오래됐어요?"

"하루살이의 일생이 짧다는 건 성충으로 사는 기간이 짧다는 얘기일 뿐, 애벌레 때부터 치면 1개월에서 길게는 3년까지도 산단다. 하루살이 성충은 입이 없어서 먹지 못해. 독침 같은 방어 무기도 없고. 재빨리 짝짓기를 해서 알을 낳고는 바로 죽지. 말하자면 성충의 삶에 힘쓰기보다 애벌레의 삶에 집중하기로 한 셈이야. 비록 남들과는 다른 선택을 했지만 이런 선택을

통해 무려 3억 년을 살아남았으니, 그 선택을 지혜롭다고 말할 수 있지 않을까?"

"와, 3억 년이요?"

듣고 보니 말이 되는 것 같기도 하고.

"대왕자라는 뭐가 지혜로운데요? 껍질이 약하니까 몸을 보호할 수 없잖아요?"

"대신에 땅 위에서 다른 거북보다 재빠르게 움직일 수 있지."

"그래도 적이 나타나면…."

"다른 거북보다 빨리 달아날 수 있지 않겠니? 그리고 평소엔 모래 속에 숨어 지낸단다."

"아!"

"모든 거북이 두꺼운 껍질을 가진 건 아니야. 또 모든 새가 날 수 있는 것도 아니고. 그런가 하면 박쥐나 파라다이스 나무뱀은 새가 아닌 데도 날 수 있지. 세상에는 정말 다양한 동물들이 있지?"

"그럼 화식조가 날 수 없어서 생긴 좋은 점은 뭐예요?"

"새의 조상은 공룡이야. 대부분의 새들은 비행 능력을 키우는 과정에서 몸 크기와 무게를 줄여야 했지. 잘 날려면 가벼운 게 유리했을 거야. 적게 먹어도 되니까 먹이 경쟁에서도 유리

할 테고. 그래서 새는 몸집이 작고 가볍게 진화한 거란다."

"몸집이 큰 게 나는 데는 불리한 거네요."

"반면에 몸집이 크니까 어지간한 동물들은 화식조를 공격할 엄두를 못 내겠지. 하늘에서는 몰라도 땅에서는 충분한 경쟁력이 있지. 화식조는 다른 새들처럼 날개를 발달시키는 대신 공룡의 큰 몸집 그대로 환경에 적응했어. 다른 공룡의 후손들이 하늘만 바라볼 때 화식조는 거꾸로 땅에서 틈새를 찾은 거지."

"파라다이스 나무뱀이나 망둑어도 남들과 다른 길을 선택한 거군요."

"새들이 하늘에 살고, 물고기가 물에 살고, 열대 정글에 동물이 많이 사는 건 다 그만한 이유가 있단다. 반면에 그렇게 모두가 한곳에 몰리다 보면 경쟁이 심해지지. 그래서 경쟁이 덜한 새로운 곳을 찾아 떠나는 동물들이 나타나게 돼. 이를테면 갯벌이라는 새로운 개척지를 찾아낸 망둑어처럼."

"근데 파라다이스 나무뱀은 날개도 없으면서 어떻게 하늘을 날게 됐을까?"

아라는 그게 제일 궁금했다.

"그건 말야. 내 생각에는, 나무 위에서 새를 잡으려고 하는데, 그 새가 건너편 나무로 날아간 거야. 그래서 뱀도 그리로 건너가고 싶은데 밑으로 내려갔다가 다시 올라가려면 너무 귀찮았던 거지. 그래서 점프를 했는데 우연히 성공한 거야. 그때부터 매일 점프 연습을 하다 보니까 날게 된 거 아닐까?"

"와니가 아주 그럴듯한 생각을 했구나. 다만 그 과정이 아주 오랜 세월 많은 세대에 걸쳐 아주 조금씩 이루어졌다는 걸 기억해 두자. 의태처럼 말이야."

박사님의 칭찬에 와니는 으쓱해졌다.

"라플레시아는 잎, 뿌리, 줄기가 없는 채로 오로지 꽃만 잔뜩 크게 발달한 식물이야. 다른 식물의 뿌리나 줄기를 이용해서 살아가다 보니 모든 에너지를 꽃에만 집중할 수 있었을 거야. 이렇게 다른 생물의 영양분을 빼앗아 사는 것을 기생이라고 한단다."

"기생충의 그 기생이요? 그건 나쁜 것 아니에요?"

"맞아. 당하는 식물이나 동물 입장에서는 양분을 빼앗기는 거니까 나쁘다 말할 수 있겠지. 하지만 그럼에도 불구하고 양쪽 다 살아남았으니까 어느 정도는 공존을 전제로 한 기생이라고 할 수 있단다."

"그래도 비겁해요. 자기가 노력해서 살아야지."

"사람의 기준으론 그렇겠지만 자연의 세계에서 기생은 아주 중요한 생존 전략이란다. 살아남기 위해 최선을 다하다 보니 그런 방법까지 찾아낸 거겠지? 그러니 이 또한 지혜롭다 말할 수 있지 않을까?"

"오죽하면 뿌리나 줄기 없이 꽃만 가지고 살아갈 생각을 했겠어요."

미리는 기생식물이 조금은 이해가 되는 눈치였다.

"넓게 보면 기생도 공생의 일종이라고 볼 수 있어. 벌레잡이통풀과 박쥐처럼 서로 도움을 주고받으며 살아가는 거지. 언뜻 보기에 기생처럼 보여도 자세히 들여다보면 공생의 관계인 경

우도 많단다. 공생인 줄 알았는데 기생인 경우도 적지 않지만. 또 직접적인 공생 관계는 아니라도, 화식조가 식물의 열매를 먹는 대신 씨앗을 멀리 퍼뜨려 주는 것처럼 자연의 모든 동식물이 그렇게 서로 도움을 주고받으며 산단다."

"꿀벌과 꽃처럼 말이죠?"

모두 지혜롭다는 개미박사님의 말이 이해가 되는 듯했다.

"이렇게 헤아릴 수 없이 많은 생물들이 각기 다른 방식으로 지혜롭게 살아남은 결과 우리가 사는 지구가 이처럼 빼곡빼곡 빈틈없이 풍부해진 거란다."

"빼곡빼곡?"

"응. 자연에 어떤 작은 틈새만 있어도 생물들은 거기서 살아남는 법을 찾아내거든. 우리가 지구의 어디를 가도 생물들을 만날 수 있는 건 바로 이 때문이란다. 만약 생물들이 한 가지 방식만 고집한다면 어떻게 될까? 하늘이든 땅이든 한곳에서만 살겠다고 한다면? 따뜻한 열대 지방에서만 살겠다고 한다면? 곤충은 없고 힘센 동물들만 존재한다면?"

"왠지 재미가 없을 거 같아요."

"다들 한 곳에서 경쟁하면 먹을 게 떨어져서 굶어 죽을지도 몰라요."

"지난번 의태나 이번에 관찰한 다양한 틈새 전략이나 기생, 공생에 이르기까지 동물들이 자연에서 살아남기 위해 터득한 전략은 아주 다양하단다. 앞으로 직접 부딪히며 더 만날 수 있을 거야. 하지만 요 며칠간의 짧은 탐험만으로도 너희들은 대단한 걸 배웠지. 그게 뭔지 알겠니?"

"동물들은 생각보다 훨씬 다양하다?"

"동물들은 저마다 세상을 사는 방법이 있다?"

"모든 살아남은 것들은 지혜롭다?"

"다양한 게 더 좋다?"

"그래 모두 다 맞는 말이다. 너희들 모두 비글호의 선원이 될 만한 충분한 실력을 갖춘 것 같구나."

비글호의 선장님은 마치 자신이 직접 탐험을 한 것처럼 뿌듯해했다. 아, 물론 마지막에 큰 역할을 하신 건 맞지만.

"자, 이제 비글호 시험 비행을 마쳤으니 집을 향해 출발!"

집을 향해 방향을 튼 비글호 안에서 호야가 말했다.

"그러니까 나무늘보는 '저렇게 느린데 어떻게 살아남았을까'가 아니라, '저렇게 느렸기 때문에 살아남은 것'인지도 몰라."

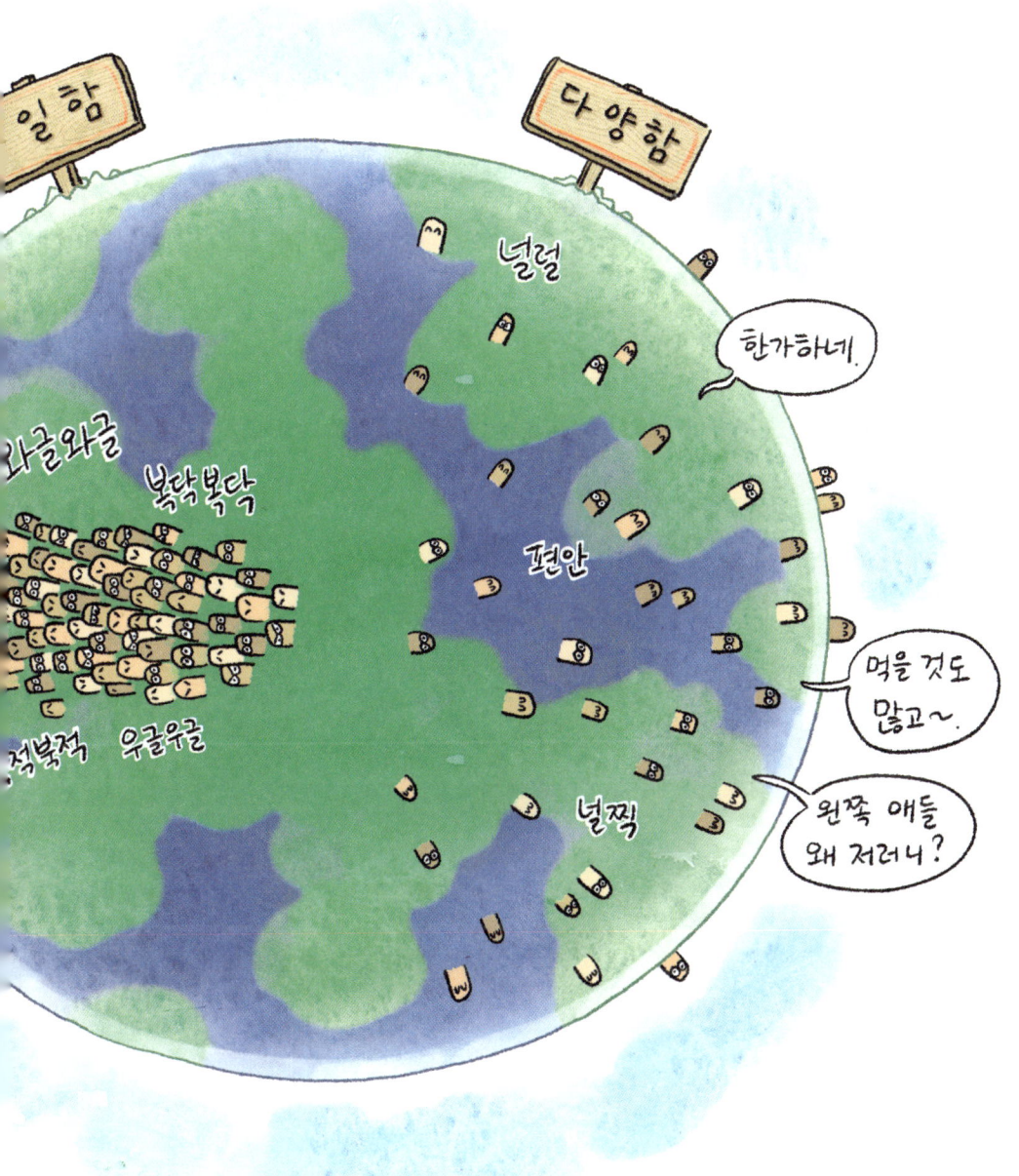

"맞아. 그런데 우리 늘보는 어떻게 되는 걸까? 우리랑 같이 사는 걸까?"

미리가 조용히 말했다.

"나무늘보니까 우리 나무집에서 같이 데리고 살면 안 될까?"

와니가 말했다.

"와, 그럼 너무 좋겠다."

아라는 생각만 해도 기분이 좋았다.

한편 개미박사님은 골똘히 어제와 오늘 오후까지 목격한 컨테이너들을 생각하고 있었다. 과연 비글호로 찾아온 어린 나무늘보가 그 컨테이너와 어떤 관련이 있을까? 코스타리카의 이름 모를 소녀가 찾는 나무늘보가 이 녀석일까? 만약 그렇다면 나무늘보를 어떻게 데려다줘야 하나?

비글호의 한쪽 구석에선 다윈박사님이 새로 배운 포켓몬 연구에 한창이었다. 아이들이 이번 모험 중에 만난 동물 친구들을 모델로 만든 포켓몬에 대해 새롭게 가르쳐 줬기 때문이었다.

"그러니까 뚜벅쵸가 진화해서 냄새꼬가 되고, 냄새꼬가 다시 진화해서 라플레시아가 된단 말이지? 그런데 아르코는 또 뭔가? 에구, 늙어서 새로 공부하려니 기억이 가물가물하구만."

다윈박사님은 몸을 배배 꼬기도 하고, 머리 위에 동물들의 영상을 띄우기도 하며 열심히 공부 중이었다. 보나 마나 오늘 또 밤을 새실 모양이었다.

다음날 아침, 비글호는 제주도 서남쪽 근방을 유유히 날고 있었다.

"1시간 전부터 계속 이상한 신호가 수신되고 있습니다. 모두 동일한 패턴의 고주파에요. 간격은 점점 빨라집니다."

아침의 평화를 깨기라도 하듯 비글호 AI가 다급한 목소리로 말했다.

"최초 신호 발생 지역은?"

"제주도 서남쪽 50킬로미터 바다입니다."

"메인홀 영상으로 확대해서 보여 주세요."

개미박사님은 서둘러 메인홀로 향했다. 주 조종실 유리창이 곧 거대한 화면으로 변했다. 아이맥스 영화관처럼.

박사님이 메인홀에 도착했을 때 화면 가득 비글호가 수신한 신호가 펼쳐지고 있었다. 동일한 패턴의 음파가 반복적인 그림을 그려내고 있었다. 눈 덮인 지평선 위에 까마득히 펼쳐진 침엽수 숲처럼. 개미박사는 눈을 반짝이며 음파의 반복적인 파장을 뚫어질 듯 바라보았다. 마치 깊은 물에 잠기듯이, 반복적인 파동의 한 가운데로 천천히 걸어 들어가는 느낌이 들었다.

마침내 그 속에서 인간의 귀로는 들을 수 없지만, 간절한 외침 같은 누군가의 목소리를 들었다.

"이건 돌고래의 SOS 신호야!"

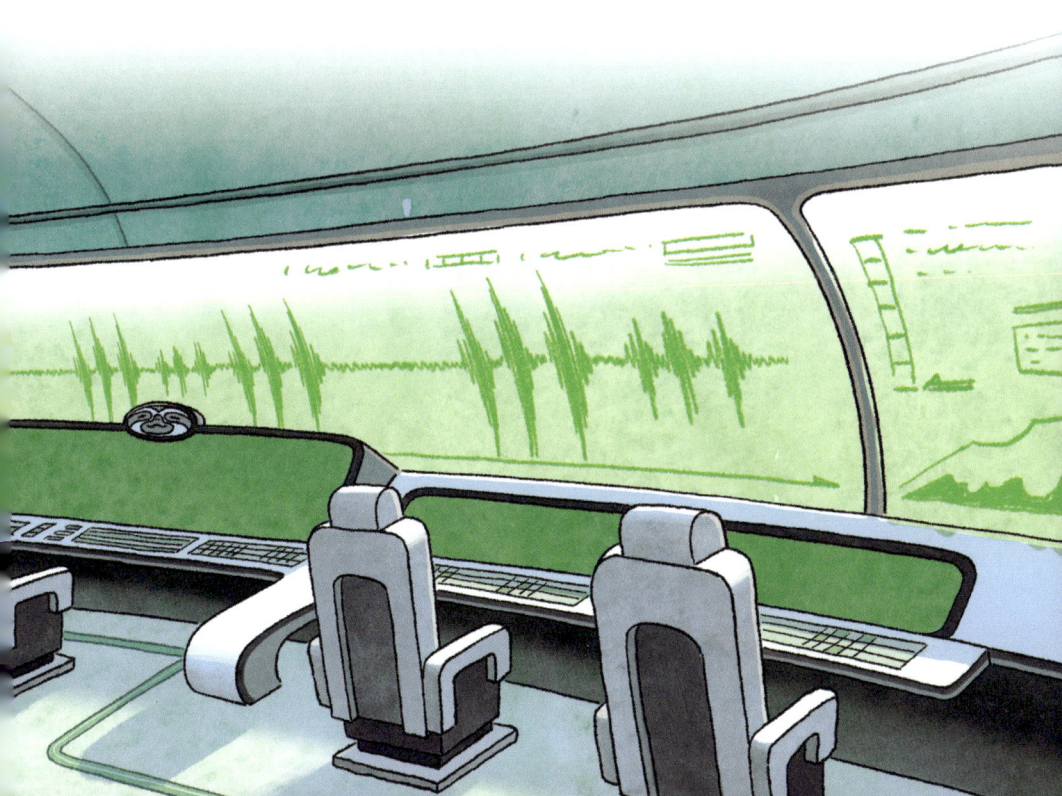

에필로그

 한 달 전, 코스타리카 몬테베르데 고산 지대의 작은 마을.

 가끔 생필품을 구하러 온 외지인이나 길잡이를 부탁하는 여행자들 덕에 근근이 먹고 사는 가난한 마을이었다. 산기슭의 작은 오두막에 사는 열두 살 소녀의 이름은 알리사라고 했다.

 하루는 여행객처럼 보이는 외국인 두 명이 알리사를 찾아왔다. 키가 작은 남자 하나, 덩치가 크고 땀을 많이 흘리는 남자 하나.

 "네 별명이 숲의 아이라며? 원하는 데가 어디든 데려다준다던데."

아빠는 알리사가 태어나기도 전에 세상을 떠났고, 엄마는 이름도 모르는 병으로 평생을 시름시름 앓았다. 엄마가 관광객들을 위한 작은 수공업품을 만들고, 알리사가 인근 식당에서 심부름을 하거나 여행객들 길잡이를 하는 게 돈벌이의 전부였다.

알리사는 한동안 대답이 없다가, 한참 후에야 천천히 끄덕였다. 이 사람들, 길잡이를 찾는가 보다.

"정말이야? 네가 저 밀림의 오솔길 하나하나를 손바닥처럼 안다는 게?"

당연한 질문을 하고 있군. 숲에서 태어나서 숲에서 살고 숲 덕분에 먹고사는데 당연한 거 아닌가?

"그럼 진짜 나무늘보도 찾을 수 있나? 우린 나무늘보가 보고 싶은데."

알리사가 오솔길뿐 아니라, 나무 한 그루, 새 한 마리, 개미 하나도 그냥 지나치지 않는 건 사실이었다. 알리사 눈에는 그 작은 생명들이 다 보였다. 왜 다른 사람들은 나무늘보를 보지 못하는지 오히려 이상했다.

"돈을 줄게. 음, 미국 돈으로 20달러?"

20달러면 엄마의 약값을 댈 수 있다. 알리사에게는 너무나 큰돈이었다. 엄마 약은 숲에서는 구할 수가 없으니까. 그 외에 필요한 건 숲에서 다 알아서 내주었다.

"네가 얼마 전에 새끼를 데리고 있는 나무늘보 어미를 봤다던데, 정말이야?"

알리사는 먼저 10달러를 받고, 두 여행자와 길을 나섰다.

"꼬마야, 얼마나 더 가야 되냐?"

여행객들은 출발 전에는 큰소리로 흥분해서 떠들고 자신만만해하지만, 두 시간만 걸어도 툴툴대며 온갖 불평을 터뜨린다. 알리사는 익숙했기 때문에 아무 대답도 하지 않았다. 다만 손가락으로 커다란 나무 하나를 가리켰다.

"저기야? 저기에 있다고?"

"어딘데, 어딨어? 나무늘보가 어딨냐고?"

여행객들은 흥분해서 사방을 두리번거렸다.

"…한 달 전쯤에. 저 나무에 있었어요."

알리사가 입을 뗐다.

"한 달 전이라고? 그걸 말이라고 하냐?"

알리사는 사실을 말했을 뿐인데, 남자들은 무척 화를 냈다.

"이 녀석 느림보가 아니라, 멍청이로구만! 한 달 전에 있던 나무늘보가 아직도 있을 거란 게 말이 되냐?"

"어휴, 이 쪼그만 걸 그냥! 쥐어박을 수도 없고."

알리사는 커다랗고 슬픈 눈망울로 얼굴이 벌개진 남자들을 바라볼 뿐이었다.

"우린 나무늘보를 보고 싶단 말야. 네가 기가 막히게 잘 찾는다길래 물어물어 왔더니만…."

"꼬맹아, 나무늘보 못 찾으면 돈도 없어!"

알리사는 말없이 뚜벅뚜벅 숲으로 걸어 들어갔다. 오솔길을 벗어나서 덤불을 헤치며 걸었다. 그리고는 갑자기 우뚝 멈췄다. 마치 나무가 땅에 뿌리를 박은 것처럼 한참을 가만히 서 있었다.

쏴르르르쏴르르르, 부우우우부우우우….

숲이 노래를 했다. 나뭇잎들이 바람에 맞춰 춤을 추었다.

세상은 왜 이렇게 빠를까요?

사람들은 왜 이렇게 서두를까요?

빨리빨리, 더, 더, 더!

무엇을 위해? 어디로 가려고?

내 눈에는 나무늘보가 보이는데, 사람들은 나무늘보를 보지 못해요.

사람들은 한시도 가만히 있질 못하는데,

나무늘보는 하루 종일 그냥 가만히 있거든요.

그냥 가만히 있는 거예요.

매서운 독수리가 나무늘보를 잡으러 와도 끄떡없어요.

바로 코앞에 와 앉아도 나무늘보를 찾지 못해요.

말도 안 되게 느리니까요. 너무 느려서 나무와 한 몸이 되니까요.

너무 느려서 나무늘보 몸에는 이끼가 자라지요.

"저기 있어요. 나무늘보."

알리사가 마침내 손을 들어 나무 하나를 가리켰다.

"어디?"

두 사나이는 알리사가 가리키는 나무를 쳐다보았다.

정말 나무늘보가 거기 있었다. 한 달 전 알리사가 보았던 곳에서 얼마 떨어지지 않은 곳이었다. 작은 새끼를 데리고 있는

어미였다. 어미의 털은 푸른 이끼로 뒤덮여서 정말 나무의 일부처럼 보였다.

"으하하, 진짜 나무늘보네? 새끼까지 데리고 있고."

"하하, 잘했다. 꼬맹아! 네가 찾아낼 줄 알았어."

알리사가 뭐라고 말을 하기도 전에, 키가 작은 남자는 배낭에서 나무 타기용 가죽끈을 꺼내 허리에 묶더니 능숙하게 나무를 기어오르기 시작했다.

"조심해!"

뚱뚱한 남자가 나무 밑에서 소리를 질렀다. 누구에게 조심하라는 건지 모르겠다. 나무늘보인지, 나무인지, 인간인지. 나무늘보는 천천히 고개를 돌려 가까이 다가오는 남자를 물끄러미 바라볼 뿐이었다. 새끼는 엄마 품에 더욱 꼭 숨어들었다.

"하지 마요. 하지 마."

알리사는 뚱뚱한 아저씨의 옷깃을 당기며 말했다. 왜 나무늘보를 괴롭히는지 이해할 수가 없었다. 그냥 구경만 하기로 했는데.

"걱정마."

남자는 능숙하게 나무 한쪽에 몸을 고정시키고 배낭에서 보호구를 꺼냈다. 엄마 나무늘보는 이상한 낌새를 눈치채고 도망치려 했지만, 안타깝게도 너무나 느렸다. 고개를 돌려 애처롭게 남자를 바라본 게 전부였다. 남자는 보호 장갑을 끼고 순식간에 어미로부터 새끼를 떼어 냈다. 새끼는 엄마의 털을 단단히 붙잡고 있었지만, 몸이 위로 들리자 어미의 털에 걸려 있던 발톱이 벗겨지며 품에서 떨어지고 말았다.

"잡았다!"

남자는 재빠르게 새끼를 데리고 나무에서 내려왔다. 어미는 멀어지는 새끼를 하염없이 바라보기만 했다.

"흐흐, 잘했어. 아직 어리니까 제법 받을 수 있겠어."

뚱뚱한 남자가 자루 속에 아무렇게나 새끼를 던져 넣으며 중얼거렸다.

"하지 마, 하지 마."

알리사가 남자를 막아섰다. 나무늘보를 보여 달라고 한 여행객 중 나무늘보를 직접 만지거나, 납치하는 사람은 본 적이 없었다. 상상할 수도 없는 일이었다.

"저리 가."

두 남자는 귀찮다는 듯 알리사를 밀치며 화를 냈다.

"여기 나머지 10달러."

그리고 그들은 아기 나무늘보를 데리고 떠나 버렸다.

알리사는 지폐 한 장을 손에 쥔 채, 하염없이 엄마 나무늘보를 바라보았다. 알리사의 눈과 나무늘보의 눈이 마주쳤다. 두 눈동자는 무척 닮았다. 둘 다 울고 있었다.

사람들은 나무늘보의 미소를 좋아해요.
쳐진 눈망울을 보면 꼭 웃는 것 같아서 귀엽대요.
사실 나무늘보는 우는 거예요.
숲이 사라지고 아기를 잃어버려서 우는 거예요.
내가 그랬어요. 내가 울렸어요.

알리사는 바람 부는 숲속에 선 채, 그 자리를 떠날 줄을 몰랐다.

개미박사의 생물학 교실

생물들의 다양한 생존 전략

🍀 1권 '의태'에 이어서 한발 더 들어가 보자.

1권에서 배웠듯이 의태는 생물들이 환경에 적응한 하나의 방법이었어. 하지만 모든 생물이 의태 전략을 쓰는 건 아니란다.

다른 생물들은 또 다른 방식으로 환경에 적응했어. 이번엔 이런 다양한 생존 방법에 대해 알아보자.

사자는 다른 동물들을 제압할 이빨과 발톱을 발달시켰고, 영양은 사자로부터 달아나기 위해 빠르게 달릴 수 있는 다리를 발달시켰지.

코끼리는 몸집을 키웠고, 쥐는 오히려 몸집을 줄였어.

몸이 작으면 숨기 좋고, 먹이가 적은 곳에서도 살 수 있어.

몸이 크면 웬만해선 공격을 받지 않아.

에너지 효율이나 체온 유지에는 몸집이 큰 동물이 유리해. 하지만 급격한 환경 변화로 전체적으로 먹을 게 부족해지면 큰 동물은 멸종하기 쉽지.

지구의 생명은 물에서 시작됐어. 이후에 많은 동물들이 생존을 위해 물에서 뭍으로 올라왔어.

물속 올챙이가 개구리가 돼서 땅으로 올라오는 것처럼요!

반대로 고래의 조상인 파키케투스(*Pakicetus*)는 뭍에서 물로 들어갔어.

대왕고래는 육지에서 바다로 오면서 몸 길이 30미터에 몸무게가 180톤인 큰 동물로 진화했어.

많은 동물들이 열대 정글이나 온대 지방의 숲을 삶의 터전으로 정했어. 여기는 경쟁자는 많지만, 먹을 것이 풍부해.

반면에 어떤 동물들은 살기 힘든 사막이나 극지방에 터를 잡기도 했어. 여기는 먹을 것은 부족하지만, 경쟁자가 적거든.

개미나 벌 같은 동물들은 집단을 이루고 각자 역할을 분담해서 경쟁력을 키우는 방식으로 생존했어. 한 마리는 약하지만, 집단은 강하니까!

맞아요! 그래서 개미 흉내를 내는 거미도 있었잖아요.

1권 162쪽

어떤 동물들은 서로 다른 종끼리 협력하며 살아. 이걸 공생이라고 하지.

공생
共生

꽃과 꿀벌은 공생의 방법으로 생존에 성공한 거야.

그런가 하면 어떤 동물들은 다른 동물들에 기생해서 살아가지.

으악! 싫다 싫어, 진드기!

과자 좀 나눠 먹자. 우린 공생 관계잖아?

공생이 아니라 기생이겠지.

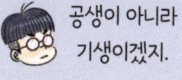

어떤 동물들은 강력한 무기 대신 뛰어난 번식력으로 살아남았어.

단순 계산으로는 한 쌍의 토끼가 4년 만에 400만 마리로 늘어날 수 있대.

이렇게 수많은 생물들이 저마다 다른 전략을 갖고 환경에 적응한 결과 지구에는 수없이 다양한 생물들이 존재하게 된 거야.

지구 어디를 가도 거기에 훌륭하게 적응해서 살아가는 생물들을 만날 수 있지. 그래서 비글호의 탐험은 계속된다!

개미박사의 생물학 교실

진화의 원동력, '경쟁'

✿ 경쟁이 꼭 나쁜 것은 아냐.

단풍나무 씨앗에는 왜 곤충의 날개와 꼭 닮은 날개가 있을까?

이건 저작권 침해야!

아냐, 너희들이 내 날개를 베낀 거라고!

단풍나무 씨앗은 바람만 잘 타면 헬리콥터 날개처럼 회전하며 100미터 이상도 날아갈 수 있어.

모든 식물들은 최대한 씨앗을 멀리 보내려고 해.
씨앗이 멀리 못 가면 어미 식물과 경쟁해야 하거든.

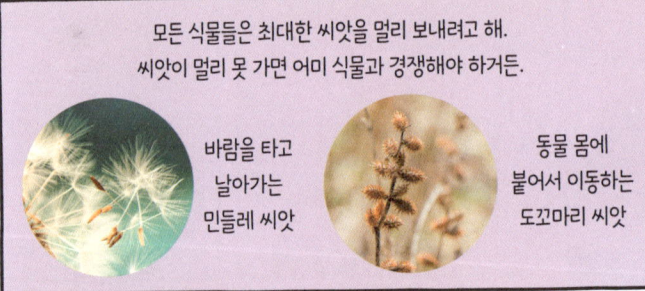

바람을 타고 날아가는 민들레 씨앗

동물 몸에 붙어서 이동하는 도꼬마리 씨앗

식물들은 햇볕 경쟁을 하기도 해. 정글의 나무들이 높이 자라는 건 다른 나무들보다 햇볕을 더 많이 받기 위해서지.

식물들은 꽃가루를 옮겨 줄 곤충을 유인하기 위한 경쟁도 해.
꽃의 꿀, 화려한 모양, 향기는 곤충을 많이 불러들이기 위한 수단이야.

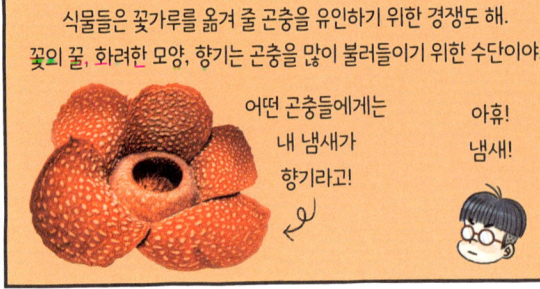

어떤 곤충들에게는 내 냄새가 향기라고!

아휴! 냄새!

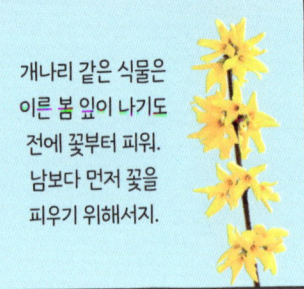

개나리 같은 식물은 이른 봄 잎이 나기도 전에 꽃부터 피워. 남보다 먼저 꽃을 피우기 위해서지.

장미의 가시가 아래쪽으로 뾰족한 건 해충들이 기어 올라오는 걸 막기 위해서라고 추측하고 있어. 식물이 동물과의 생존 경쟁에서 이길 방법을 개발한 거지.

초식 동물도 경쟁을 한단다. 식물을 더 많이 먹기 위해 그리고 더 잘 소화하기 위해서지.

소는 소화를 잘 시켜 영양분을 충분히 흡수하려고 한 번 삼킨 먹이를 다시 게워서 또 씹는 '되새김질'을 해.

난 되새김질 안 해도 소화가 잘되는데. ㅋㅋ

육식 동물은 주로 먹잇감을 놓고 경쟁을 하지. 사자 같은 맹수들에게도 사냥은 목숨을 건 위험한 일이야.

하이에나 같은 동물들은 직접 사냥 경쟁에 나서기도 하지만, 사자나 치타가 잡아 놓은 먹이를 훔치기도 해.

짝짓기를 위한 경쟁도 있어. 수컷 갈매기들은 짝짓기를 하기 위해 암컷에게 물고기를 선물하기도 한단다.

무엇보다 치열한 경쟁은 포식자와 피식자의 경쟁이야. 오랜 세월에 걸쳐 포식자는 공격 무기를, 피식자는 방어 무기를 발달시켰어.

1권 의태에서 봤지? 사마귀 같은 '사냥꾼'도 의태를 하고, 애벌레 같은 '사냥감'도 의태를 해.

난초사마귀
1권 159쪽

새똥하늘소 애벌레
1권 164쪽

나무늘보는 겉으로 보기엔 아무 힘이 없는 것 같아도 나무에 숨는 것을 누구보다 잘하지.

이렇게 서로 경쟁을 하는 과정에서 생물들은 저마다의 특징들을 키워 왔지. 그런 의미에서 경쟁은 생물들의 진화를 촉진하는 힘이라고 할 수도 있어.

경쟁을 안 하는 생물이 없군요. 사는 건 힘든 일이네요. 휴.

개미박사의 생물학 교실

최고의 경쟁 전략, '공생'

✿ 강한 것이 살아남는 게 아니라 공생하는 것들이 살아남는다.

지구에서 가장 번성한 생물은 뭘까? 바로 식물이야. 식물 전체의 무게는 전체 생물의 80퍼센트나 돼. 이에 비해 동물은 다 합쳐도 0.5퍼센트도 안 되지.

여기에서 얘기하는 무게는 몸무게가 아니고 몸속에 있는 탄소의 무게를 말한단다. 이것을 생물량(biomass)이라고 부르지.

동물 중에서 가장 번성한 동물은 뭘까? 그건 곤충과 거미 같은 절지동물이야. 곤충의 무게는 전체 동물의 절반을 차지해.

식물과 곤충이 지구에서 이렇게 번성한 데는 이유가 있어. 바로 이 둘이 손을 잡았기 때문이지.

식물은 꿀을 주고 꿀벌이나 나비는 꽃가루를 옮겨 주고. 내 생각엔 이건 자연계의 가장 위대한 성공 사례인 것 같아.

공생해서 둘 다 성공한 거네요?

그렇지!

개미는 진딧물을 딱정벌레 같은 포식자로부터 보호해 주고, 진딧물은 식물의 즙을 가공해서 개미에게 단물로 제공해.

청소놀래기는 곰치의 이빨 사이에 낀 기생충을 잡아먹어. 대신 곰치는 입을 크게 벌려 주고, 청소놀래기를 잡아먹지 않아.

잡아먹을 수도 있지만, 그럼 공생이 깨지니까.

더 놀라운 공생 관계도 있어. 수도머멕스개미(*Pseudomyrmex*)는 쇠뿔아카시아의 가시에 구멍을 내서 집을 짓고 살아. 쇠뿔아카시아는 개미에게 집뿐 아니라 먹을 것도 제공해. 꿀뿐만 아니라 단백질까지 제공하니 개미에겐 완벽한 서비스지.

우리한텐 최고급 호텔인 셈.

©Dan Perlman

개미는 나무에 해가 되는 곤충들을 없애 줄 뿐만 아니라, 주변 경쟁 식물들을 제거해 줘. 개미 덕분에 쇠뿔아카시아 나무는 주변 식물들과의 경쟁에서 우위에 서게 되는 거지.

공생은 경쟁과 반대되는 것처럼 보여도, 사실은 가장 훌륭한 경쟁 방법이지. 공생을 통해 두 생물 모두 경쟁력이 높아지니까.

오랫동안 사람들은 자연을 강자가 약자를 잡아먹는 약육강식의 세계라고 말해 왔어.

하지만 강자가 약자를 제압하는 방식만 있는 게 아니야. 이렇게 서로 협력해서 함께 강해지는 방법도 있는 거지.

공생을 하지 않는 생물은 없어. 인간도 몸속 박테리아들과 공생을 해. 우리는 박테리아에게 먹을 것을 제공하고, 박테리아는 소화를 도와줘.

요거트의 유산균이 그런 박테리아의 일종이야.

인간은 개, 고양이 같은 반려동물과도 공생 관계야. 우리는 반려동물을 보살펴 주고 반려동물은 우리에게 즐거움을 주지.

인간은 나무들과도 공생 관계야. 우리는 숲을 가꾸고 숲은 맑은 공기를 주지. 그런데 인간은 숲을 파괴하기도 해. 매년 서울의 80배 크기의 숲이 사라지고 있단다.

사실 인간처럼 공생을 잘하는 동물도 없단다. 우리가 자꾸 이 사실을 잊어서 그렇지.

숲을 지켜 주겠다고 약속할게!

'슈퍼 동물'이 된 인간

✿ 좋은 뜻만은 아냐.

인간이 높은 지능과 함께 사자의 발톱과 개의 코와 악어의 이빨과 독수리의 날개를 가지고 있다면 얼마나 좋을까요?

인간은 왜 이렇게 진화하지 않았을까요?

강점들을 모두 다 가진 동물은 없어. 다 가진다고 꼭 좋은 것만은 아니거든.

인간의 신체가 약한 것만은 아니야. 인간은 땀을 흘려 체온을 조절할 수 있어. 그래서 지구력이 뛰어나지. 또 어떤 동물보다 손을 잘 사용하고, 눈도 가장 발달했어. 다양한 기후에 적응하는 능력도 뛰어나고. 무엇보다 강력한 것은 몸에 비해 매우 큰 뇌야.

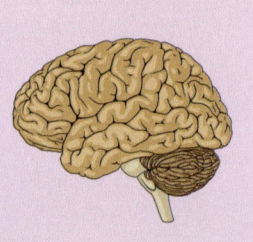

인간의 뇌는 몸무게의 2퍼센트를 차지하지만 무려 20퍼센트의 에너지를 사용해. 가만히 앉아서 머리만 쓰는 데도 엄청난 에너지가 소모되는 거지.

먹는 것의 20퍼센트는 뇌로 간다는 거네요?

그래서 공부를 하면 피곤하고 졸린 거네요.

누가 보면 공부 엄청 많이 하는 줄 알겠다!

인간이 다른 동물들의 신체적 강점을 다 갖췄다면, 그 에너지를 조달하기 위해 하루 종일 먹어야 할지도 몰라.

거기에 나는 법, 달리는 법, 무는 법, 냄새 맡는 법 등을 다 연습하기 위해 24시간 학교를 다녀야 할지도.

으악, 안돼!

인간은 진화 과정에서 뇌를 발달시키는 대신 다른 신체 기능들을 퇴화시켰어. 하지만 털은 별로 없어도 옷을 입으면 돼.

말처럼 빨리 달릴 순 없지만 자동차를 발명했고, 새처럼 날 순 없지만 비행기가 있어. 그렇게 해서 슈퍼 히어로는 아니지만 자연계를 지배하는 '슈퍼 동물'이 됐어.

인간이 키우는 가축의 전체 무게는 전 세계 포유동물과 새들을 합친 무게보다 10배 이상 무거워. 게다가 가축들의 방귀와 트림은 엄청난 메탄가스의 주범이지.

지구 역사에서 하나의 종이 인간처럼 압도적으로 지구를 지배한 적은 없었어.

그 때문에 많은 문제가 발생하고 있지. 환경 파괴와 자원 고갈, 식량 문제, 지구 온난화 같은 문제들.

자연계에서는 어떤 한 종의 동물이 다른 동물을 압도적으로 지배하지 못해. 예를 들어 사자는 얼룩말을 잡아먹지만 그 수가 얼룩말보다 훨씬 적지. 만약 사자의 수가 엄청나게 늘어나서 얼룩말보다 많아지면 얼룩말은 멸종하고, 결국 먹을 게 없어진 사자도 멸종하고 말 거야.

또 기후 변화와 서식지 파괴로 인해 많은 생물들이 멸종하거나 멸종 위기에 놓이게 됐어.

그 영향은 결국 인간에게 돌아오게 돼 있단다. 꿀벌이 사라지면 결국 인간도 사라질 수 있는 게 자연의 이치야.

인간 자신을 위해서라도 자연과 공생해야 한다는 거군요!

개미박사의 생물학 교실

다양한 게 더 좋다 '생물다양성'

★ 자연은 모두 똑같아지는 걸 싫어해.

지구 생물들의 모습이 이처럼 다양한 것은 생물이 수억 년 동안 환경에 적응하기 위해서 열심히 노력해 온 결과야.

정말 대단해. 어떻게 이렇게 진화했니?

에헴

그 과정에서 경쟁이 중요한 원동력이 됐지.

하지만 경쟁이 꼭 남을 눌러 이기는 것만 의미하는 건 아냐.

중요한 것은 그 경쟁 과정에서 생물들이 지구 곳곳의 다양한 틈새들을 찾아서 흩어졌다는 거야.

남극이 춥긴 하지만, 경쟁은 덜하지.

구멍만 잘 뚫으면, 남들은 못 찾는 먹이를 찾을 수 있지!

물 없는 사막에서도 다 방법이 있다고!

생물들은 각자 자신의 강점을 집중적으로 발달시켰어. 모든 것을 잘하려다 보면 오히려 강점을 살릴 수가 없거든.

음, 잘 논다는 내 강점을 살려야겠어!

먹고 먹히는 경쟁 속에서도 생물들은 협력과 공생의 방법을 배웠어.

오해하지 말 것은! 생물들이 의도를 갖고 그렇게 진화했다는 뜻은 아니라는 거야. 오랜 시간에 걸쳐 그렇게 적응한 생물들이 더 높은 경쟁력을 가져서 지금까지 살아남았다는 뜻이지.

지구는 그렇게 다양하게 진화한 생물들이 서로 촘촘하게 맞물려서 균형을 이루고 있지.

오래 전 미국에서는 숲에 사는 사슴을 보호하기 위해 늑대를 잡아서 없앴어.

포식자인 늑대가 사라지자 사슴의 수가 갑자기 늘어났어. 먹이가 부족해진 사슴들은 나뭇잎과 풀을 모조리 먹어 치웠어.

이렇게 숲이 황폐해지고, 사슴들은 먹을 것이 없어서 굶어 죽었어. 결국 숲에 늑대를 복원하자, 원래 사슴의 개체 수로 돌아갔다고 해.

사슴을 잡아먹는 늑대가 사슴의 수를 적당하게 유지하는 역할을 했다는 거야. 이것이 생물 세계의 균형이야.

언뜻 보기에 전혀 관련 없어 보이는 생물들이 사실은 서로 영향을 줘. 대표적인 예가 코로나19 바이러스야.

코로나19 바이러스는 천산갑을 통해 인간에게 전염됐다고 알려졌어. 인간이 약재로 쓰려고 천산갑을 잡지 않았다면 코로나 팬데믹은 발생하지 않았을 수도 있었던 거지.

천산갑

어떤 지역의 생물들이 얼마나 다양하게 잘 유지되고 있느냐는 굉장히 중요한 지표야. 이것을 생물다양성(biodiversity)이라고 해. 작은 벌레 한 종이 사라진다는 것은 결코 벌레 한 종에서 끝나지 않거든. 연결되고 연결돼서 인간의 삶에까지 치명적인 영향을 미칠 수 있지.

문제는 우리 인간은 그 복잡한 연결들을 다 알지 못한다는 거야. 사슴과 늑대 그리고 천산갑과 코로나19 바이러스 사례처럼.

다양한 생물들을 존중하고 그 생물들의 다양성이 잘 보존돼야 하는 이유가 바로 이거야.

숙연 감동

우리 왠지 점점 진짜 비글호 선원이 되고 있는 것 같아!

27쪽

희귀 야생동물을 사고파는 사람들이 있다?

우리나라에서도 멸종위기 동물들을 포함한 희귀 야생동물들을 수입해서 반려동물로 사고파는 일이 많아지고 있다. 포털사이트나 블로그 등 다양한 SNS에서 야생동물을 분양한다는 글을 쉽게 찾아볼 수 있고 가격도 천차만별이다. 이런 현상은 남들이 키우지 않는 희귀한 야생동물을 기르면서 SNS에 자랑하는 것이 유행하면서 더 심해지고 있다. 인간의 이런 이기적인 행동으로 많은 야생동물들이 멸종위기에 처했다.

야생동물은 그들의 자연스러운 서식지에서 스스로 먹이를 찾아 먹고 천적을 피하고 번식하며 살아가는 동물이다. 야생동물들을 좁은 우리나 집에 가둬 놓고 키우는 일 자체가 동물 학대다. 야생동물들을 실내나 좁은 곳에 가둬 키우면 흙을 파거나 나무에 오르는 등 본능적인 행동을 못 하게 되어 스트레스를 받는다. 이 때문에 같은 행동을 반복하는 정형행동을 보이거나 면역력이 떨어져 쉽게 병에 걸리고, 이 병

을 사람이나 다른 동물들에게 옮길 수도 있다.

코로나19 팬데믹이 발생한 후 세계보건기구(WHO)는 지난 20년간 사람에게 발생한 신종 전염병의 60퍼센트가 동물과 인간이 서로 옮길 수 있는 인수공통감염병이라고 밝혔다. 벨기에, 네덜란드, 미국의 일부 주에서는 야생동물의 개인 소유를 엄격하게 규제하고 있다. 우리도 희귀 야생동물을 반려동물로 키우는 문제에 대해 심각하게 생각해 봐야 할 때다.

비글호의 무동력 회전 착륙은 실제로 가능할까?

나는 오토자이로. 헬리콥터의 조상이지.

비글호는 단풍나무 열매의 모양을 흉내 냈다. 단풍나무 열매는 바람에 잘 날아가는 날개를 가지고 있다. 비글호 날개는 단풍나무 열매처럼 헬리콥터의 프로펠러와 같은 모양을 하고 있어서 바람을 타면 멀리 날아갈 수 있다.

일반 비행기와 같이 날개가 고정된 형태를 '고정익기', 헬리콥터, 드론, 오토자이로 같이 날개가 회전하는 형태를 '회전익기'라고 한다. 회전익기는 로터(rotor)라고 불리는 2개 이상의 회전 날개를 고속으로 회전시켜 양력을 얻어서 비행한다.

헬리콥터와 닮았으며 가장 먼저 개발된 회전익기인 오토자이로(autogyro)는 무동력으로 비행할 수 있는데 이런 방법을 '자동 회전 비행'이라고 한다. 자동 회전 비행은 공기 역학을 이용한 날갯짓의 회전력만으로 가능하다. 그래서 오토자이로는 엔진을 이용한 동력에 의존하지 않고도 회전익기의 강하 비행이 가능하다. 실제 단풍나무 씨앗의 모양과 낙하 속도(1.26 m/s), 회전 속도(1,276 rpm)와 같은 운동 요소를 이용하여 자동 회전 비행을 항공역학에 이용하려는 연구들이 활발하게 진행되고 있다.

동물학자들은 정말 위장복을 입고 관찰할까?

다큐멘터리 채널인 내셔널지오그래픽을 보면 동물을 연구하는 학자나 촬영을 하는 사진가들이 재미있는 방법을 동원하여 위장하는 모습을 볼 수 있다. 가까이서 동물의 자연스러운 행동을 관찰하기 위해 다양한 위장술을 사용하는 것이다. 악어를 연구하는 박사는 악어와 닮은 모형으로 몸을 가리고, 하마 배설물로 자신의 냄새를 덮고, 위급한 상황에서 도움을 구할 수 있는 통신 장비까지 갖춘 후 관찰을 하기도 한다. 포유류나 조류를 연구하는 사람들은 위장복 또는 위장 천막 등을 사용한다.

인도네시아에서 긴팔원숭이를 연구하는 이화여대 영장류팀은 연구 장소의 긴팔원숭이들이 습관화(habituation)가 된 후에는 데이터를 수집하기 편안한 복장을 하고 관찰을 하고 있다. 또 열대에서는 반팔에 반바지 같은 간편한 옷차림을 하고 관찰을 하기도 한다.

위장 카메라를 설치해서 관찰하기도 해.

비글호 날개처럼 태양 전지로 쓸 수 있는 섬유가 있을까?

기후 위기 시대에 탄소 감축의 필요성이 확대되면서 신재생에너지원이 주목받고 있다. 그중 보급이 쉬워 빠르게 성장하고 있는 좋은 에너지원이 태양광이다. 우리가 보통 생각하는 태양광 시스템은 건물 옥상이나 산에 설치된 검은색의 태양광 패널들이다. 이러한 태양광 시스템은 무겁고 부피가 크기 때문에 유통과 설치가 어렵다. 따라서 태양광 사용을 늘리기 위해서 다양한 소재가 개발되고 있다.

페로브스카이트(Perovskite)는 0.5마이크론만큼 얇게 퍼질 수 있는 결정 구조를 가진 광물이다. 이 광물이 발코니 난간이나 차양막에 페인트처럼 뿌릴 수 있는 패널 개발에 활용되고 있다. 폴란드의 사울레 테크놀로지스(Saule Technologies)와 같은 회사들이 페로브스카이트를 이용하여 얇고 유연한 태양광 패널을 만드는 데 주력하고 있다. 페로브스카이트는 얇은 플라스틱이나 유리 위에 액체를 도포하고 구워서 만드는데 부드러운 곳에 도포하면 구부려서 설치가 가능하다.

또한 태양광 패널 제조업체인 파빌리온(Pavilion)은 접었다 폈다 할 수 있는 태양광 캐노피 텐트를 개발하고 있다. 이것은 실리콘 태양 전지를 직물에 통합하는 기술로 태양광 직물(Solar Fabric)이라고 부르며 이런 직물들은 얇고 이동이 쉽기 때문에 비글호의 날개 제작에 쓰일 수도 있을 것이다.

버튼을 누르면 색깔이 바뀌는 옷이 실제로 있을까?

형형색색의 빛을 내는 전자 섬유에 대한 지속적인 개발이 이루어지고 있다. 전자 섬유는 섬유의 고유한 특성을 유지하면서도 전기적 특성을 가진 소재로 우리나라 카이스트 연구팀은 2021년에 빨강, 초록, 파랑의 색을 내는 RGB OLED 섬유를 개발했다.

또 일명 카멜레온 물감이라 불리는 시온 안료를 이용하여 옷을 만들기도 한다. 시온 안료가 온도에 따라 색이 변하는 것을 열변색성이라고 한다. 열변색성이 일어나는 원리는 마이크로 캡슐 안에 존재하는 고체 용매가 고온에서 녹아 액체로 변할 때 색을 나타내는 두 물질이 분리되면서 투명하게 되고, 반대로 온도가 내려가면 다시 결합하여 원래의 색으로 돌아가는 것이다. 이런 원리를 이용하여 사람의 체온 변화에 따라 색이 달라지는 옷을 개발할 수 있을지도 모르겠다.

최재천

평생 자연을 관찰해 온 생태학자이자 동물행동학자. 서울대학교에서 동물학을 전공하고 미국 펜실베이니아주립대학교에서 생태학 석사학위를, 하버드대학교에서 생물학 박사학위를 받았다. 10여 년간 중남미 열대를 누비며 동물의 생태를 탐구한 뒤, 한국으로 돌아와 자연과학과 인문학의 경계를 넘나들며 생명에 대한 지식과 사랑을 널리 나누고 실천해 왔다.

서울대학교 생명과학부 교수, 환경운동연합 공동대표, 한국생태학회장, 국립생태원 초대원장 등을 지냈다. 현재 이화여자대학교 에코과학부 석좌교수로 재직 중이며 생명다양성재단의 이사장을 맡고 있다. 《개미제국의 발견》, 《생명이 있는 것은 다 아름답다》, 《다윈 지능》, 《열대예찬》, 《최재천의 인간과 동물》, 《과학자의 서재》, 《생태적 전환, 슬기로운 지구 생활을 위하여》 등을 썼다. 2019년 총괄편집장으로서 세계 동물행동학자 500여 명을 이끌고 《동물행동학 백과사전》을 편찬했다. 2020년 유튜브 채널 〈최재천의 아마존〉을 개설해 자연과 인간 생태계에 대한 폭넓은 이야기를 전하고 있다.

대학에서 불문학과 영화시나리오를 공부했다. 도서, 만화, 영상, 캐릭터 등 다양한 콘텐츠 분야에서 스토리텔러와 작가로 활동했다. 고양이 넷, 뚱뚱한 닥스훈트 하나, 거북이 둘과 초록이 가득한 곳에서 느긋하게 산다. 지은 책으로 《올빼미 시간탐험대》 시리즈와 《열두 살의 임진왜란》 등이 있고, 번역한 책으로는 《무슈장》, 《만월》, 《국가의 탄생》 등이 있다.

제주 출생. 대학에서 산업디자인을 전공했다. 오래도록 애니메이션 업계에서 일했다. 극장용 장편애니메이션 〈마당을 나온 암탉〉, 〈언더독〉에서 미술 조감독으로 일했다. 어릴 적 꿈은 화가, 권법소녀, 로빈슨 크루소였고 요즘에는 만화가로 살고 있다. 언젠가는 직접 손으로 오두막집을 짓고 닭을 키우며 살기를 꿈꾸고 있다. 좋아하는 것은 만화, 고양이, 노래, 도서관, 뜨개질, 트레킹, 떡볶이. 직접 쓰고 그린 책으로는 환경 만화 《멋진 지구인이 될 거야 1, 2》가 있다.

식물 생태와 에코 과학(융합 과학)을 전공하고 생명다양성재단 사무차장/책임연구원과 이화여대 에코과학부 연구원으로 일하고 있다. 아홉 살 아들과 열다섯 살 시츄, 국립공원에서 일하는 남편과 백봉산 아래 자연과 친구 삼아 살고 있다. 과학을 대중들에게 쉽게 전달하기 위해 생활식물생태학, 바닥식물원 등 강연과 전시 활동을 지속하고 있다.

최재천의 동물대탐험
❷ 나무늘보의 노래

초판 1쇄 발행 2023년 3월 7일
초판 5쇄 발행 2024년 4월 29일

기획 최재천 **글** 황혜영 **그림** 박현미 **해설** 안선영
펴낸이 김선식

부사장 김은영
어린이사업부총괄이사 이유남
책임편집 이현정 **디자인** 남정임 **책임마케터** 안호성
어린이콘텐츠사업5팀 조문경 조현진
어린이디자인팀 남정임 차다운
마케팅본부장 권장규 **마케팅3팀** 최민용 안호성 박상준 송지은
미디어홍보본부장 정명찬 **뉴미디어팀** 문윤정 이예주
편집관리팀 조세현 김호주 백설희 **저작권팀** 한승빈 이슬 윤제희 **제휴사업팀** 류승은
재무관리팀 하미선 윤이경 김재경 이보람 임혜정
인사총무팀 강미숙 지석배 김혜진 황종원
제작관리팀 이소현 김소영 김진경 최완규 이지우 박예찬
물류관리팀 김형기 김선민 주정훈 김선진 한유현 전태연 양문현 이민운

펴낸곳 다산북스 **출판등록** 2005년 12월 23일 제313-2005-00277호
주소 경기도 파주시 회동길 490 **전화** 02-704-1724 **팩스** 02-703-2219
다산어린이 공식 카페 cafe.naver.com/dasankids 다산어린이 공식 블로그 blog.naver.com/stdasan
종이 스마일몬스터 **인쇄** 북토리 **후가공** 평창피엔지 **제본** 대원바인더리
사진 www.shutterstock.com, Dan Perlman

ⓒ최재천·황혜영·박현미·안선영, 2023
ISBN 979-11-306-9753-6 74470 979-11-306-9425-2 (세트)

• 책값은 뒤표지에 있습니다.
• 파본은 본사 또는 구입한 서점에서 교환해 드립니다.
• KC마크는 이 제품이 공통안전기준에 적합하였음을 의미합니다.
• 아이들이 책을 입에 대거나 모서리에 다치지 않게 주의하세요.

책을 더 재미있게, 책을 더 오래 기억하는 방법
다산어린이 공식 카페에는 다양한 독서 활동 자료가 있습니다.
자료를 활용하여 아이들의 독서 흥미를 더욱 키워 주세요.